PINOCCHIO
E I SUOI FRATELLI

DON ANTONIO MAZZI
GIUSEPPE ZOIS

PINOCCHIO E I SUOI FRATELLI

Come educare i figli del 2000

PIEMME

Si ringrazia in particolare il quotidiano «Avvenire», inserto *Famiglia e Società* da cui sono stati tratti numerosi interventi di don Antonio Mazzi.

Copertina: Studio Aemme

Illustrazione di copertina: Raffaele Dolci. Particolare della «Bottega dei Pinocchi» a S. Omobono (BG)

Foto di copertina: Jo Locatelli

I Edizione 1993
II Edizione, dicembre 1993
III Edizione, gennaio 1994
IV Edizione, febbraio 1994
V Edizione, marzo 1994
VI Edizione, giugno 1994
VII Edizione, settembre 1994
VIII Edizione, novembre 1994
IX Edizione, aprile 1995

15033 Casale Monferrato (AL) - Via del Carmine, 5
Tel. 0142/3361 - Fax 0142/74223

Domani vorrei vedere
sorrisi d'angelo,
tenerezze di bambino,
domande di gioia,
adolescenze vergini,
eroismi di solidarietà,
cammini di speranza.

(don Antonio Mazzi)

PRESENTAZIONE

Pinocchio è malato?

È Pinocchio, quel bimbo laggiù, che piange per il gelato, piange per le patatine, piange per i cric-croc, piange per la brioche?

È Geppetto, quel nonnino che trascina per mano Pinocchio, addobbato come un negozio-baby, maglietta Benetton, scarpe Timberland, swatch al polso, catenina d'oro massiccia al collo?

Va verso il paese dei balocchi, quella bancarella stracarica di leccalecca, gianduiotti, zucchero filato, fischietti, bambolotti, gomme americane?

Tra Pinocchio, Peter Pan, Pierino e i nostri figli, c'è qualcosa in comune?

È solo «vuoto» ciò che circola nelle nostre case e sulle nostre piazze? Si può riempire l'abisso tra vita e uomo, tra vuoto e pieno, tra legno e carne?

Mangiafuoco, Mastro Ciliegia, la Balena, la Fatina, il Carabiniere, la prigione, l'abbecedario, il gatto e la volpe hanno delle controfigure ai nostri giorni?

Come vogliamo chiamare la televisione, la scuola, il fine settimana, il compact-disc, il metalmeccanico, l'odontotecnico, il cantante, l'attore, l'onorevole, il giocatore di calcio?

Sul comodino dei nostri figli, o nell'enciclopedia che

abbiamo loro regalato, tutti questi personaggi ci sono. Ma a cosa servono?

Nella vita di Pinocchio mancano i genitori. Può essere una causa, una scusa, una trovata di Collodi?

Questa società ha scherzato troppo con la famiglia. Amanti, padrini, madrine, rapporti occasionali, divorzi facili, maternità artificiali hanno portato in tanti giovani il disorientamento, il malessere, il disagio. Narra Gibran: «L'altro giorno ho visto un ricco, in piedi sulla porta del tempio. Tendeva le mani, colme di pietre preziose a tutti i passanti, dicendo: "Abbiate compassione, prendetemi questi gioielli. Mi hanno fatto ammalare l'anima e mi hanno indurito il cuore: Pietà, abbiate pietà, prendeteli e mi farete guarire"».

Abbiamo guadagnato molti soldi, accumulato molti tesori, ma l'anima nostra è malata... Con l'aiuto di Pinocchio e di qualche altro... ci aiuteremo a guarire.

«Pinocchio e i suoi fratelli» è la didattica di queste pagine, che sono nate dal bisogno e si snodano dentro un'esperienza vissuta. C'è bisogno di risposte che nascano da testimonianze: i genitori e gli educatori per avere una guida, per individuare dei punti di riferimento nella nebbia in cui si deve procedere; i figli – ragazzi, adolescenti, giovani – per seguire strade credibili e percorribili, tracciate da persone che abbiano un passato con una storia, un presente con una proposta, un futuro con una direzione. Perché «Pinocchio» e chi sono «i suoi fratelli»?

Geppetto, quando si confida con Mastro Ciliegia, dice: «Ho pensato di fabbricarmi da me un bellissimo burattino di legno: un burattino meraviglioso, che sappia ballare, tirare di scherma e fare i salti mortali. Con questo burattino voglio girare il mondo, per buscarmi un tozzo di pane e un bicchiere di vino...».

Quanti sono i Geppetti nel nostro tempo? Quanti i Pinocchi e quanti i fratelli?

I genitori si sentono in crisi, ondeggianti in una società nella quale non si contano i maestri, i richiami, le seduzioni, Gatti e volpi: ce n'è per tutti e i grilli che parlano continuano a fare una brutta fine.

Padri, madri, educatori si chiedono spesso, di fronte ai figli, avvolti nelle loro crescenti solitudini e silenzi, dove possono aver sbagliato. Prima ancora che dai gesti educativi, bisogna partire dalle premesse di ogni nascita: troppi genitori d'oggi si attendono «burattini» meravigliosi, da trattare – e trattati – come giocattoli, bambini ai quali si affidano attese infinite: di successo, di notorietà, di amore e gesti affettivi di ritorno, dimentichi che i figli sono come frecce tese sull'arco. I figli sono un dono da vivere nella gratuità, un mistero cui attingere e cui dare, uno scrigno di potenzialità, che i genitori e gli educatori devono aiutare ad esprimere: non sostituendosi ai figli, ma aiutandoli. È più facile correggere un tema, usando la matita rossa e blu, che guidare la mano dei figli, perché imparino come svolgerlo.

Un educatore di sostanza – e non di facciata – è colui che sa dire dei no, pochi, ma al momento giusto; dei sì, pure pochi, ma sempre al momento giusto. Molti oggi sono degli stupendi educatori nell'infanzia dei figli: insegnano ai bambini a camminare, a parlare, a mangiare, ad amare. Poi perdono le staffe, quando avviene la seconda nascita dei figli, che è l'adolescenza, la stagione dei progetti. Adolescente è colui che comincia a guardare avanti. E mentre il bambino si accontenta di guardare la faccia del papà e della mamma, l'adolescente comincia a guardar la vita. Se con i bambini basta suggerire, durante l'adolescenza i genitori devono trasformarsi in registi, che indirizzano, guidano, fanno coraggio, sostengono, aiutano ad esprimersi. L'autorevolezza è la capacità di spingere il figlio nel suo nuovo cammino e nel contempo essere lì, procedere insieme, per sostenersi. Ed è ben altra parte che quella di Geppetto e Pinocchio.

don Antonio Mazzi - Giuseppe Zois

INTRODUZIONE

Di fronte ai ragazzi che crescono

I nostri vecchi dicevano che la strada che porta all'inferno è lastricata di buoni propositi. Tutti noi abbiamo, nel cassetto, centinaia di promesse inevase. Se io potessi ridiventare giovane, insisterei su quattro punti.

Vorrei credere fermamente che la vita, in ogni ordine e grado, è il trionfo dell'improbabile, del paradosso, dell'impossibile, la vita progredisce a forza di ostacoli, crea piccole morti quotidiane per dare spazio ad altrettante vite quotidiane, nasconde nel passato più lontano il futuro più avvincente; inventa amori incredibili; adopera avvenimenti casuali per rovesciare situazioni secolari; trae dagli errori vicende più che normali. Insomma non è solo una eccezione che in una qualunque notte un Dio si sia fatto bambino, ma regola. «Come la sinfonia ha bisogno di ogni nota, come un libro ha bisogno di ogni parola, come la casa ha bisogno di ogni pietra, come l'oceano ba bisogno di ogni goccia d'acqua, come la messe ha bisogno di ogni chicco, l'umanità intera ha bisogno di me, di te, di noi, dove siamo, come pezzi unici, insostituibili...». Ci sono due modi di affrontare la vita: pensare che una goccia è niente, una pietra è poco, una nota è insignificante oppure pensare che senza la mia nota non vi è sinfonia, senza la mia pietra non nasce casa, senza la mia goccia l'oceano sarebbe povero. Avete capito perché il paradosso è il sale delle nostre giornate? Vorrei tanto sussurrare nell'orecchio dei giovani di tutto il mondo che il più banale gesto di amore, il dolore più piccolo sopportato, il sorriso consumato sul libro di geografia, può salvare il mondo. Perché la giustizia, la pace, la dignità, la felicità di tutti gli uomini sono possibili solo se attraverseranno il vostro sorriso, il vostro amore, il vostro dolore. Il paradosso è il sale della nostra giornata.

Ancora: insisterei nella contemplazione delle persone. Per contemplazione intendo che ogni persona è un grande libro su cui è scritto tutto il bene del mondo. Dentro ad un bambino c'è già tutto il mondo, anzi un bambino è più grande dell'universo. Quindi non mi interessa capire mio figlio, non mi interessa con quali parole chiamarlo..., mi interessa adorarlo, avvicinarlo con l'animo sempre meravigliato e trasalito. Mi direte che dò di matto. Voi siete più curiosi per l'orologio digitale che un vostro amico o amica porta al braccio che per il cuore di vostro figlio. Vi incanta di più un ottobrata romana che il fremito della prima simpatia di vostro figlio. Vi lasciate rapire dal fascino delle Seychelles e non vi seduce la coscienza che vostro figlio matura dentro. Sapete più cose sui gerani che sulla crescita di vostro figlio. Perché vostro figlio non cresce quando si allarga, quando cambia voce o annuncia un po' di seno. I vostri figli, come gli alberi, crescono affondando le loro radici in terra, perché senza radici e senza terra non si vive ed, inoltre, immergono i loro rami in cielo. Senza rami e senza cielo non si diventa grandi. Succede questo a tuo figlio quindicenne: cerca il posto migliore in terra e allarga lo sguardo per capire quale pezzo di cielo gli spetta. Non fermiamoci al metro e alla bilancia. Sei più curioso di capire perché la bambola parla, anziché ascoltare (meglio anzi auscultare, come i medici) da dove partano le parole che tuo figlio ti dice scappando, sempre in ritardo, a scuola. Lo sai che hanno più importanza certi monosillabi biascicati alla benemeglio che un discorso fatto sul divano, quando vogliamo noi, e secondo tutti i crismi degli psicologi?

C'è un'altra nostalgia che svilupperei volentieri, se tornassi giovane. Vorrei «cibarmi» di arte. Siamo immersi nelle meraviglie e non ce ne accorgiamo. Le ali di una farfalla sono almeno straordinarie quanto il giudizio Universale della Cappella Sistina. Eppure per andare ai Musei vaticani siamo disposti a spendere soldi e tempo, ma non siamo altrettanto disponibili a soffermarci un attimo per ammirare l'ala di una farfalla. Un vero genitore si lascia educare dall'arte e legge, come Francesco, la onnipotenza del creatore cantando tra le erbe del prato. Le macchine, le autostrade, i telefoni, l'architettura degli scatoloni, hanno spento in noi la sete di arte che nutriva l'animo. L'arte non è solo ciò che viene appeso sui muri dei musei o delle gallerie. Al contrario la vera arte vive sulla storia, esplode nel corpo di un fanciullo che gioca; è raccontata dalle rughe di un anziano che si trascina faticosamente; è disegnata sulle gambe di un ragno; viene esaltata dalla varietà infinita di verdi di cui sono coperti gli alberi dei parchi. È respirando dentro questo polmone di meraviglie che noi, con i nostri figli, veniamo educati alla verità, alla dolcezza, alla sensibilità, alla riflessione. Vorrei tanto, la sera, addormentarmi con negli occhi tutti i colori che ricamano l'ala di una farfalla.

Solo andando a questa scuola un genitore sa cogliere la differenza tra l'oro e le cianfrusaglie; sa cogliere le sfumature sul volto dei figli. «Ho visto un volto con mille espressioni e un volto con una espressione sola, come se fosse chiuso in uno stampo. Ho visto un volto sotto il cui velo di splendore si scorgeva la bruttezza e un volto di cui dovevo sollevare il velo di splendore per contemplarne la bellezza. Ho visto un vecchio, profondamente solcato dal nulla, e un volto liscio in cui era incisa ogni cosa. Io conosco i volti, perché guardo attraverso la tela che i miei occhi tessono, e vedo la realtà che è al di sotto». Pensavate che fosse la psicologia la scienza regina dell'introspezione? Anche fosse vero, per me, viene dopo questo monitoraggio artistico.

Da ultimo, se tornassi giovane, vorrei rimettermi alla ricerca della verità, ma in modo più sereno e disteso. Si crede facilmente senza troppo riflettervi che la verità consista unicamente nell'affermazione corretta di certi rapporti; che essa possa raggiungersi per mezzo di domande e di risposte; che il suo possesso non sia altro che la somma di informazioni esatte; che essa possa essere posseduta tutta intera, dal momento che l'intelligenza è fatta per essa. In breve, per troppo tempo, abbiamo pensato ad una verità o troppo lineare e senza profondità o troppo teatrale. Si crede che la verità si opponga soltanto all'errore e non si vede quanto sia opportuno che si opponga soprattutto alla «vanità». Mi affascina una verità che sappia fare muro alla sottocultura della superficialità e della vacuità. Mi piace cercare una verità che è insieme parola e persona, guerra e pace, contestazione e nonviolenza; distanza e prossimità; differenza e identità; grande e modesta. Approdati a questi lidi, le parole che diciamo non sono frutto di una verità che teniamo egoisticamente prigioniera, centellinandola al prossimo su nostra richiesta ma, diviene la parola, l'altra parte di un abbraccio, il segno frugale di una presenza fraterna. Ho meditato con voi per qualche minuto. Vi ho condotto per quattro sentieri: della fede, della antropologia, dell'arte, della filosofia. Vi rimanga scritto dentro un principio gandhiano: «L'amore è la forza più potente che il mondo possiede e tuttavia la più umile che si possa immaginare».

I.
RENDIAMOCI CONTO
Inchiesta sulla condizione giovanile

Come una riserva indiana

È difficile vivere ciò che dovete vivere, diceva quella grande educatrice moderna che è Françoise Dolto, soprannominata non a caso «la signora che sapeva parlare ai bambini». La psicanalista francese, mancata nel 1988, metteva in guardia gli stessi adolescenti: anche se in certe occasioni vi sentite molto forti, in voi sono presenti aspetti di fragilità. L'adolescenza è come una seconda nascita: si tratta di cancellare il bambino che è in noi. Una mutazione. Con immagine molto suggestiva la Dolto diceva che è uno sbocciare: come germogli che spuntano dalla terra, si ha bisogno di uscire. C'è insicurezza nell'aria, ci sono il desiderio di venirne fuori e la mancanza di fiducia in se stessi. Si ha contemporaneamente bisogno di essere controllati e bisogno di libertà, e non è facile trovare il giusto equilibrio tra queste due esigenze. Che genere di vita scegliere? Si guarda a quella dei genitori e si ondeggia, si teme che il loro presente possa diventare in qualche modo il futuro dei giovani. «Nessun adolescente comunque» – ammoniva Françoise Dolto – «è senza problemi, senza sofferenza; forse è il periodo più ricco di dolore della vita, ma anche quello delle gioie più intense; il guaio è che si desidera fuggire tutto ciò che si presenta difficile. Fuggire fuori di sé, gettandosi in avventure dubbie o pericolose, trascinati da persone che conoscono la fragilità degli adolescenti. Fuggire dentro di sé, chiudersi dentro un guscio fasullo». In un libro famoso, *I problemi degli adolescenti* (Longanesi), Françoise Dolto fa parlare i protagonisti: sono confessioni, autocritiche, atti d'accusa contro gli adulti e la società. «Vorrei fermare i giorni», sbotta Irene, 15 anni. «Guardatevi un po' le vostre facce sfatte e a pezzi, che sembrano sopportare troppe cose con un misto di ipocrisia e di falsa gentilezza. Voi avete sempre l'aria di "sembrare", di far finta di essere. Non siete più capaci di essere», domanda Clara, 16 anni, che aggiunge: «Avete troppo la tendenza a bandire dalla vostra vita il sogno e la speranza, a pavoneggiarvi troppo... Noi siamo sulla stessa scala di vita, ma, ahimè, non sulla stessa nota». Ernesto Caffo, presidente di Telefono Azzurro, parte da lontano: «Oggi si diventa genitore in modo improvviso. Molti hanno un unico figlio. Lo mandano al nido, poi all'asilo e a scuola. Alla fine non sanno cos'è questo bambino. Con lui dividono solo il tempo tecnico del pasto o del metterlo a letto. Troppo poco».

Due i motivi di crisi per lo psichiatra Luigi Cancrini: il passaggio dalla famiglia estesa a quella nucleare. «A questo si è sovrapposto un altro processo, verso organizzazioni di sole persone o di coppie con legami non stabili: è la frantumazione. Anche nella famiglia ciascuno è portato a rappresentarsi come se stesso e non come attore in un gruppo».

Per lo psicanalista Umberto Galimberti «la famiglia è l'ultimo ricettacolo dell'identità personale e per questo non morirà mai. Siamo in una società tecnologizzata, piena soltanto di regole, dove si è buoni o cattivi esecutori del proprio compito e basta. L'artigiano del '500 vedeva nella sua opera ciò che lui era. Con le regole di produzione di oggi no. La famiglia diventa la riserva, come le riserve indiane, dove si estrinseca ciò che si è. Tutto quello che non può essere diluito nel sociale si scarica lì... I genitori sono soli, non confortati da valori sociali, con figli pieni di sollecitazioni. La gente fa meno figli, perché ha capito che è difficile educare. Come si può educare senza obiettivi?, in una società dove l'adolescenza si protrae fino a trent'anni perché non c'è un impianto sull'avvenire? Ci sono energie, senza obiettivo, da qualche parte devono andare e vanno nella devianza» (Marco Neirotti, «La Stampa»).

Una medicina antica e di collaudata efficacia è il buon senso. La psicologa Luisa Carbone Tirelli consiglia di parlare: «Ma con i bambini. Anche a costo di scoprire che sono tristi o scontenti. Può bastare mezz'ora, prima di coricarli. E la differenza si vedrà. Invece il genitore di oggi preferisce iscriverli a mille attività, pur di non affrontare il confronto diretto» (Daniela Camboni, «Corriere della Sera»).

Daniele Pauletto, psicoterapeuta di Padova: «i genitori mi chiedono consiglio per stupidaggini, tipo: lo mando a letto alle 21 o alle 23? Sono a loro volta confusi. Non sanno più prendere decisioni. E la gestione dei figli va a farsi benedire».

Luigi Cancrini fa un paragone: «Se esci di corsa da una stanza e la giacca rimane impigliata nella porta, hai due soluzioni: forzare, strappandola, oppure tornare indietro e capire dov'è agganciata. La ribellione non è segno di indipendenza, ma di dipendenza. Ecco allora che la terapia familiare individua situazioni concrete più l'intricata ragnatela di rapporti sotterranei. Restituisce a ciascuno il suo ruolo. Direi che più il caso è grave, più è utile».

Senso dell'umorismo, tolleranza, comprensione, pazienza sono grandi alleati per vincere resistenze e uscire dal guado. I genitori tendono sempre ad ingigantire le situazioni, a esasperarne i termini. Françoise Dolto invita a rinascere come genitori, anche se non è sempre facile.Nel rapporto genitori-figli occorre rendersi conto del bisogno e dell'utilità reciproci: tutti siamo pieni di contraddizioni, facili a sbagliare, tentati dall'autoritarismo. Da notare che, perdendo la fiducia nei genitori, a volte si perde quella in se stessi.

Per quale motivo i rapporti tra gli adolescenti sono così complicati? «Forse perché a ogni generazione l'adolescente mette al primo posto e cerca di realizzare valori che sono i veri valori dell'umanità: generosità, assoluto, libertà, fratellanza... Per esempio, quando gli adolescenti si entusiasmano per un'idea, diventano di una generosità di cui nessun altro gruppo sociale è capace. Ogni generazione di adolescenti vede che le istituzioni fondate dagli adulti che detengono il potere tradiscono questi valori».

Ma perché i rapporti tra genitori e figli, tra adolescenti e società sono spesso tormentati, tesi, complicati? Per Ersilio Tonini, arcivescovo emerito di Ravenna e opinionista, i figli, gli adolescenti e i giovani «cercano qualcuno di cui hanno fiducia, per avere un indirizzo. Il primo problema che sentono è quello spirituale. Avvertono dentro di sé un gran desiderio di fare qualcosa di buono della propria vita, e poi sono sempre con le unghie addosso a lamentarsi con se stessi, a sentire la solitudine. Trovano difficoltà ad individuare motivazioni per le loro scelte. Non trovano incoraggiamento né negli avvenimenti né nell'esempio degli adulti. Ho qui la lettera di un giovane che non riesce a stabilire rapporti: il padre pensa solo a lavorare per mettere da parte i soldi; il figlio dovrebbe avere la stessa tensione, ma viceversa capisce che il lavoro è necessario, però chiede altri sentimenti, vorrebbe sapere come comportarsi nella vita, se ci sono delle verità sicure. "Con mio padre – mi scrive – i rapporti sono finiti. Tutto questo è demoralizzante, perché ho 21 anni e ho solo porte chiuse di fronte". Alla fine però dice: "Penso che col tempo, con un po' di fiducia in me stesso, si dovrebbe risolvere tutto". Il ragazzo è migliore del padre».

Molti padri sono assenti, latitanti, hanno abdicato al loro dovere; molte madri sono al lavoro, in carriera, in corsa con il marito, per batterlo. Coppie sfasciate, figli di divorziati, sballottati come pacchi postali, sogni di dialoghi mancati con genitori ossessivi, con adulti stanchi e demotivati, paura del futuro di fronte a una società in crisi.

Ecco qui tre lettere significative, sulle quali soffermarsi a riflettere. «Cari genitori, troppe volte ho creduto che bastasse solo uno sguardo per trasmettervi il mio amore. Troppe volte ho parlato solamente di me e delle attività che svolgo, illudendomi così di farvi conoscere il mio mondo. Quante volte vi ho chiesto di aiutarmi per raggiungere gli obiettivi dei miei sempre più ambiziosi progetti.

Solo ora sto scoprendo che al mio sguardo distratto avete sempre risposto con una serena e calda atmosfera di amicizia. Mi accorgo che ho sempre curato le mie ferite nella vostra casa. Grazie (...). Credetemi, mai vi ho considerato banali collaboratori o semplice manovalanza nei miei lavori.

Ho "sfruttato" la vostra disponibilità, la vostra preziosa operosità per superare le mie paure. Scusatemi se le illusioni, le velleità, le speranze tipiche della gioventù molte volte mi hanno portato a scarseggiare in sensibilità verso di voi». (Riccardo, Roma).

«Avrei voluto dirti...»

Una figlia, Anna, elenca al padre i motivi di rimorso di cui s'è macchiato: «Eri lontano, papà, molto lontano da me, non solo fisicamente ma anche con la mente.

Non ti scrivo per fartene un rimprovero, ma solo per dirti che nella tua vita è presente una figlia, che non comprende la tua indifferenza. Sai papà, da piccola volevo dirti che tu per me eri come quella quercia, dove una volta hai costruito un'altalena per me ed i miei fratelli. Sì, avrei voluto dirti questo ma tu non c'eri più, eri andato via. Ora sono cresciuta e non so se te ne sei accorto, ma ho scoperto una cosa importante che non voglio rinunziare a dirti: sai, nella mia vita manca una presenza importante, c'è uno spazio che nessun'altra persona ha mai potuto occupare, perché appartiene a te solo».

Una figlia a una madre: «Cara mamma, non voglio e non posso ricordarti nel tuo letto di dolore, o materia immobile su di una seggiola a rotelle. Il tuo sorriso mi manca, il tuo amore, le tue piccole mani che mi accarezzavano, il tuo sguardo buono, i nostri incontri sorridenti. Accanto al caminetto, ti vedo, toccando le mani dei miei bambini, notavi che erano fredde, e le scaldavi. Furtivamente essi avevano fame dei tuoi biscotti e dei tuoi cioccolatini che tenevi in serbo per loro. Non posso guardare le tue care cose. La tua casa rimasta vuota, lì c'è tutto il vostro cuore, il sacrificio, il sudore di papà. C'è il vostro sommesso parlottare notturno, che allora disturbava il mio sonno di fanciulla, che ora vorrei risentire tanto, ma nulla!».

Qui è il cuore che parla al posto della testa. E con il cuore parla anche Michel Quoist, che si rivolge ai genitori, chiamati ad aiutare i figli adolescenti nel «formare e dirigere la loro sensibilità a esercitarsi ad amare autenticamente attraverso l'amicizia e il dono di sé agli altri». Sempre i genitori «devono accettare il desiderio del figlio o della figlia di non seguirli più ciecamente nelle loro idee, gusti, scelte. Ma devono aiutarli a pensare con la loro testa, a farsi un'opinione, ad avere gusti originali, a scegliere personalmente delle ragioni di vita».

Con la responsabilizzazione, la vicinanza, la gratuità si plasmeranno personalità adulte, libere, generose.

Un educatore «ha successo quando riesce a rendersi superfluo (o perlomeno non indispensabile) nei riguardi del suo "educato". L'onore dei genitori consiste nel permettere di portare a frutto quella vita che hanno essi stessi ricevuto in dono».

Il figlio che non comunica

Su una prioritaria concessione di indipendenza e di autonomia insiste anche la Dolto: «Accusiamo l'adolescente di essere ancora un bambino e, al tempo stesso, lo manteniamo pervicacemente in una condizione di dipendenza e di irresponsabilità. Lo lasciamo completamente solo ad elaborare il lutto dell'infanzia, le metamorfosi del corpo, le pulsioni della sessualità. Maggior cura rivelano le società cosiddette primitive che predispongono appositi riti di passaggio, volti ad accompagnare e accogliere il giovane nella classe degli adulti... Non sono gli adolescenti a essere cambiati, è cambiato il modo in cui vengono considerati».

La psicoterapeuta Daniela Bavestrello, che cura la rubrica *Qui giovani* sulla rivista «Donna moderna» dice che nella corrispondenza a lei indirizzata un tema ricorrente è legato alla condizione di adolescente: «Il ragazzo non sa bene quali sono i suoi punti di riferimento e i suoi limiti, è insicuro, ha paura del cambiamento cui va incontro». Un disagio di cui soffrono in molti: la scarsa o inesistente comunicazione con i genitori: «Ma spesso non è una difficoltà oggettiva, o una colpa dei genitori. La psicologia insegna che proprio nell'adolescenza nasce il concetto di segreto. Emerge il bisogno di costruirsi un pezzo di vita separata e nascosta. Vorrei rassicurare le mamme e i papà: il figlio che non comunica non è uno sbandato, ma è alla ricerca di figure alternative».

Affrontare il problema del disagio giovanile significa per don Luigi Ciotti (Gruppo Abele di Torino) «uno sguardo e un'attenzione a tutto il mondo dei giovani. Chiede la capacità di andare al di là del singolo problema o della situazione specifica per incontrare la persona. Persona che, in un momento preciso della vita, vive una situazione difficile, ma che ha una storia alle spalle, ha un bagaglio di esperienze, esprime bisogni, desideri, speranze... Avere davanti agli occhi – senza enfatizzarli – questi bisogni, diventa così invito a non trascurare i processi che hanno realmente favorito quella fatica, per lavorare a fianco di tanti giovani con storie difficili, senza mai usare le persone; significa produrre cultura e dare dignità culturale al nostro lavoro e alla nostre proposte. Lavorare in modo tale che i servizi pubblici, le realtà del privato sociale, le istituzioni, la gente tutta... possano mettersi al servizio della società per far crescere, nell'orizzonte della normalità, quel senso di attenzione, di condivisione, di accoglienza e di giustizia, che spesso definiamo solidarietà e che è il vero indicatore di civiltà per il nostro essere cittadini». L'albero dei bisogni – secondo don Ciotti – ha questi grandi rami: affettività, amicizia e amore; comunicazione, dialogo, ascolto e confronto; necessità di poter esprimere le proprie risorse e le proprie capacità nel contesto in cui si vive; dare uno scopo, un senso e un significato alle cose che si fanno, alla propria vita.

Indagini sul mondo giovanile, condotte nel capoluogo piemontese, hanno indicato come al fianco di alte percentuali di giovani spaventati dal futuro e desiderosi unicamente di sicurezze personali (affetto, lavoro, casa...), e dunque disimpegnati a causa di eccessiva sfiducia nella vita sociale e nelle sue istituzioni, è presente una percentuale (18 per cento) di coetanei che desiderano protagonismo, partecipazione attiva e speranza per un futuro migliore. «Offrire aiuto a questi giovani che cercano un posto per contribuire allo sviluppo della società umana, e risvegliare in quanti sono avvolti dal torpore della paura le ragioni della passione per la solidarietà»: don Ciotti crede che entrambi siano precisi doveri degli adulti nei confronti di chi si sta avvicinando all'età matura.

A un giovane amico, che gli consegnava paure e speranze per il suo avvenire, il prete del Gruppo Abele ha augurato di vivere senza mai lasciarsi vivere, con tanta voglia di futuro.

I dimissionari della vita

La società sottopone l'adolescente a una grande violenza.

Dalla casa alla società. Lo psichiatra Salvador Minuchin, nato in Argentina, vissuto in Israele e negli USA, autore del libro *La famiglia che guarisce* (Rizzoli), scrive che «nel Canada e negli Stati Uniti il numero delle vittime della violenza domestica supera quello delle vittime degli incidenti automobilistici, degli stupri e della piccola criminalità messa insieme. Durante la guerra del Vietnam, quando 39 mila soldati americani caddero in battaglia, negli Stati Uniti ci furono 17.500 morti tra donne e bambini a causa della violenza domestica».

C'è la violenza gratuita, senza colorazioni ideologiche e basta un niente per trasformare in ring una piazza.

E c'è la violenza che si estende come un veleno sottile tra i giovani, caduti nelle maglie della piccola o grande delinquenza.

«Anche il suicidio è violenza – dice la Dolto –: violenza contro se stessi. È una risposta a una violenza gratuita e dalla quale ci si è lasciati vincere. È anche un modo indiretto di fare violenza a chi ci sta intorno pagandolo con la vita. Un grande desiderio di morire è anche un grande desiderio di vivere una vita diversa dalla propria. Si crede di voler morire, mentre si vorrebbe nascere a qualcosa di diverso».

Michel Quoist scruta la disperazione che assale molti uomini, soprattutto giovani: «Nonostante gli innumerevoli ostacoli e le tante delusioni, molti, oggi, continuano a cercare un senso per la loro vita, anche se spesso lo fanno al di fuori dei luoghi e del quadro della loro infanzia. Inquieti in se stessi, davanti a questa terra che andiamo progressivamente distruggendo e a questa bella e folle storia, nella quale si trovano imbarcati senza averlo chiesto, non riescono a rassegnarsi a pensare di non venire da nessuna parte e di non andare da nessuna parte».

Sono calcolati in migliaia, ogni anno, nel mondo, i bambini che si tolgono la vita.

All'origine di questi tragici gesti, spesso ci sono opprimenti solitudini. Cala in maniera vistosa e preoccupante il numero di coloro che si occupano dei piccoli, fragili e indifesi. In Italia si registra un aumento drammatico degli adolescenti suicidi e dei tentativi di metter fine alla vita.

Ernesto Caffo, presidente del «Telefono Azzurro» e docente di psicopatologia all'Università di Modena, dice che molti casi non vengono neppure segnalati dai genitori e da qualche medico.

Altro particolare angosciante: i bambini, più delle bambine, riescono a mettere in atto il loro proposito di morte.

Alle bambine va invece il triste record dei tentativi, e la percentuale cresce tra i 14 e i 17 anni.

La piaga è senza confini. Negli Stati Uniti sono calcolati in mezzo milione all'anno i tentativi di suicidio e cinquemila vengono attuati, con un'esplosione del 400 per cento.

Gli altri Paesi più colpiti, tutti ad alto tasso di industrializzazione, sono Canada, Giappone, Austria e Svizzera.

«Personalità fragili e vulnerabili – spiega ancora Ernesto Caffo – secondo cui i ragazzi hanno tendenza a non interrogarsi ed a comunicare solo cose superficiali. C'è molta azione e poca riflessione e per giunta il rapporto tra il ragazzo e la morte è un fatto comune».

Francesca C., vent'anni, si è data la morte impiccandosi in un'angusta toilette della stazione Tiburtina, a Roma.

Ha motivato il suo gesto ai genitori: «Ho commesso un gesto che forse non mi perdonerete mai e di sicuro non potrete mai capire. Può sembrare assurdo, da parte di una ragazza che apparentemente aveva la maggior parte delle fortune. Ma mille pagine non basterebbero a spiegarvi. Non posso certo rimproverarvi nulla, perché da voi ho avuto tutto. Tutto il necessario e il superfluo ma non l'indispensabile. Non vi sto accusando di non avermi voluto bene... tutt'altro. Di bene me ne avete voluto anche troppo, ma non mi avete trasmesso mai niente di utile, non mi avete mai consigliato, indirizzato».

«È con le occasioni mancate che a poco a poco ci costruiamo un patrimonio di felicità. Quando il desiderio è soddisfatto, non resta che morire»: sono parole del critico televisivo Aldo Grasso. E il biblista mons. Gianfranco Ravasi spiega: «Purtroppo viviamo in una società che ha quasi come programma la soddisfazione di tutti i desideri, in una specie di rincorsa frenetica alla saturazione.

È così che si creano lentamente anime (e corpi) "pieni" e quindi morti. In realtà, il destino dell'uomo è l'infinito, la sua tensione è per l'infinito ed è proprio in questa apertura all'assoluto che risiede l'autentica felicità.

Un po' liberamente potremmo accostare la parola "desiderio" al latino *de sideribus*, qualcosa che scende "*dalle stelle*", una nostalgia dell'infinito, della pienezza, della luce assoluta e pura».

Daniela, un'altra dimissionaria del vivere, a soli 15 anni nella provincia di Vicenza, è stata presentata dai cronisti come «troppo delicata per vivere in un mondo di duri. Schiva e impreparata al confronto con una realtà dove i giovani sembrano prefabbricati, tutti aggressivi, forti, certi del proprio futuro». Sulla lapide le hanno scritto: «Una voce mi chiamò per nome. Senza voltarmi indietro mi fermai... poi... per me rispose con l'ultimo suo battito il mio cuore. "Eccomi, sono qua, Signore"».

Secondo una statistica del 1992 in Inghilterra, la proporzione è di tre uomini contro una donna che si uccidono, mentre in passato era di due a uno. L'87% dei giovani suicidi sono maschi, mentre l'80-90% di chi tenta il suicidio sono giovani donne.

Una ragazza su cento, di età fra i 15 e i 19 anni, mette in atto un'*overdose* di barbiturici. Tra i giovani suicidi, in generale, l'aumento è stato del 41%.

Vanno considerati, tra i fattori precipitanti, la recessione, la difficoltà a trovare un posto di lavoro, lo sfaldamento sociale. Per lo psichiatra Paolo Crepet «dove il tessuto sociale è disgregato, nella metropoli come nel più piccolo e tranquillo paesello, dove si è persa quella rete di protezione che è la solidarietà, e l'emarginazione è pesante, i tassi sono più elevati. In alcune valli sperdute del Paese, del Molise piuttosto che dell'Emilia Romagna o del profondo Sud, dove le regole sociali della convivenza sono state spezzate dall'isolamento, le percentuali vanno ben oltre la media».

Per un quattro in latino

Ancora Paolo Crepet: «Occorre distinguere, fra tutti i fattori di rischio, quelli predisponenti e quelli in qualche modo scatenanti, perché non ci si toglie la vita solo per un quattro in latino, né per una gridata del papà, per un amore infranto o perché il proprio nome è finito in prima pagina. Queste situazioni sono diventate per quella persona una grave crisi esistenziale. Dunque si ritorna ai fattori soggettivi, alla vulnerabilità psicologica individuale che rimanda alla struttura di personalità e a tutti quegli elementi, che hanno a che fare con la condotta e la situazione familiare».

I bambini delle città sono bambini invecchiati presto, finti adulti. Parlano come un libro stampato, sempre in grammatica italiana. Vestono come i bambolotti delle vetrine. Ti sanno indicare tutti i numeri dei tram, dei bus, dei metrò, e ti sanno indicare dove vanno. Sanno attraversare strade pericolosissime, manipolare i semafori parlanti, leggere anche le reclame in inglese. Amano la televisione quasi quanto amano la loro *baby-sitter* o la loro mamma. La tv è sempre accanto a loro, se la godono fino a notte fonda, fa loro compagnia quando i genitori per doveri di società sono fuori dopo cena. La tv dà loro la buonanotte, soavemente sostituendo la carezza della mamma.

I bambini dei quartieri delle metropoli sono tutti orfani bianchi. Il papà e la mamma escono il mattino, per recarsi al lavoro. Con lo stipendio solo, si dice, in città non si può sopravvivere. Trovano il panino e il cappuccino sul tavolo, il pranzo nel frigo, la *brioche* nello zainetto della scuola. Un bacetto quasi finto, mentre si stavano svegliando, ha indicato loro che era ora di alzarsi.

Tornano dalla scuola i bambini delle periferie, e la casa è vuota. O meglio è piena di balocchi, bambole, animali, ninnoli sugli armadi o sui comò. Gli appartamenti delle periferie delle città sono piccoli e pieni di stupidaggini. Quando i bambini tornano da scuola, c'è il biglietto di mamma: «Ricordati, Tonino, di aprire la scatoletta per Fufi, dare i bocconcini a Fido e ...di fare i compiti. Ciao. Bacioni. Stasera torno tardi. Mamma».

I bambini delle periferie mangiucchiano qualcosa del pranzo preconfezionato dei supermercati, bevono un bicchiere di aranciata, e poi, via, al bar, all'oratorio, a giocare.

Qualcuno fra questi ragazzi fa prima i compiti, più o meno bene. Molti, moltissimi i compiti li copiano dai compagni. I bambini delle città hanno quasi tutti i genitori ansiosi, paurosi, iperprotettivi, almeno a parole. Succede che, molti genitori, portino i loro bambini in macchina fin sulla porta della scuola, imbaccuccati come vecchietti, per la paura che la tosse, la febbre, il freddo, l'aria, li faccia ammalare.

Questi genitori litigano spesso con le maestre o con i professori perché curano poco il loro Beppino. Nelle assemblee alzano volentieri la voce contro la direttrice, perché sbaglia sempre la giornata di vacanza, gli orari dei colloqui, le attività complementari. La mensa scolastica non va mai bene. La bistecca è dura, la pastasciutta è scotta, la mela bacata. Si preoccupano se in classe c'è il marocchino, un *handy* o un ragazzino con problema.

Causa loro, le maestre perdono tempo e i loro «angioletti» non imparano le cose che dovrebbero imparare. L'ansia è quella brutta cosa che non risolve nulla, ma salva se stessi da tutta una serie di doveri che non vogliono espletare e li ricaricano sugli altri.

A essere logorati, fino al limite della resistenza, prima di tutto nei confronti di se stessi, sono i genitori, che si sentono franare il tempo nelle mani e sono in crisi di identità. Che cosa dare ai figli? Che cosa, di importante, si è fatto mancare, come rimediare? I più sballottati tra i flutti delle insicurezze risultano i genitori fra i trenta-quarant'anni.

Le circa diecimila persone che in un anno – in Italia – tentano di togliersi la vita, sono troppe. Noia, confusione, delusione, sfida, fallimento. Cosa di tutto questo? Il suicidio è una spia ancora più pericolosa della droga, ne costituisce buona parte della sua ragione di essere, ne è quasi una radice. Va quindi dato molto spazio alla riflessione ed alla ricerca delle complesse cause del suicidio. Saltati i vecchi luoghi comuni (povertà, ignoranza, gioco, avventura) e fortunatamente accantonate anche molte interpretazioni di taglio psicologico semplicistico, ci rimane in mano, in tutta la sua crudezza, il fenomeno.

Non si può, giunti a questo punto, non parlare di criteri morali e spirituali da reinserire nella scacchiera della nostra vita.

È indubbio che il cuore dell'uomo non si ciba solo di lavoro, di scuola e di ricchezza, ed è indubbio che il cuore dell'uomo è molto più esigente dell'intelligenza dell'uomo stesso. Lo sviluppo della nostra società, invece, sta tenendo sempre più conto dell'uomo informato e occupato, e fornisce a lui strumenti e occasioni di ogni genere; per quanto concerne il cuore e la coscienza dell'uomo stesso, non ci sono altrettante occasioni. Le cure ipocaloriche fanno male al cuore. La ricchezza del cuore e della coscienza è stata etichettata di oscurantismo , di visione arcaica e altro. Lo ieri è diventato arcaico, il domani è solo informatico. Dove trova posto l'erompere del cuore tra questi due muri? Semplificare certi problemi, e renderli monovalenti, è sforzo contro-natura.

Il grido che esce dalle molteplici decisioni di farla finita, in un anno, non è solo nella linea della noia, del dolore o della disperazione. Come si può morire per denutrimento del corpo, si può morire per denutrimento dello spirito. È qui che dobbiamo interrogarci, cercare, e, in fretta, cambiare qualcosa. Di Dio e dei contenuti divini, si può fare a meno qualche giorno, non certo per decenni. L'amore non è un fiammifero che si accende e si spegne con un soffio. L'amore è un incendio: sa trasformare un legno vecchio e nodoso in torcia ardente, come tramutare un prato verde in cenere. La libertà fasulla, costruita artificialmente attorno all'amore, ha partorito solitudini sconfinate.

Dov'è il padre?

Per la psicologa americana Katherine Nelson, dell'Università di New York, i bambini devono poter parlare delle loro esperienze e devono sentire altri che ne parlino. I genitori che ripercorrono la loro infanzia, la loro vita.

Ma quanti genitori hanno tempo da dedicare ai figli per questi racconti? Chi fa scorrere la moviola del passato?

Quei bambini che possono contare sulle rielaborazioni narrative dei genitori, ricordano molto di più rispetto ai bambini che non dispongono di questi momenti. Sempre la Nelson sostiene che la chiave per una memoria autobiografica permanente è imparare a strutturare le memorie in modo romanzato.

Purtroppo avviene che i figli delle città d'oggi sono senza padri. Hanno divi, cantanti, maestri, miti, professori privati, allenatori, assistenti sociali, psicologi, fisioterapisti, odontotecnici, pedagoghi. Per ogni minimo problema, i figli urbani vengono portati o mandati dallo specialista *ad hoc*. Ma di padri nemmeno l'ombra. Perché i padri dovrebbero essere coloro che amano così tanto i figli da saper dire loro «no», ogni volta che la situazione lo richiedesse. E dire dei no, ad un figlio, è altrettanto importante e necessario come dire dei sì.

Le città moderne sembrano il paradiso delle mille meraviglie.

Un minuto dopo, all'uscita, ti sei accorto che tutto era cartapesta, ferrovecchio, finzione.

Chi può, torni ai paesini, fugga dalle città, dalle babilonie del Duemila. Speriamo che il nostro tempo, tra breve, torni ad essere un grande paese, nel quale i padri fanno i padri; le madri fanno le madri; le case tornino ad essere case e non negozi di giocattoli; i figli si sentano figli di qualcuno. Dove la gente si ama per quello che è, gode delle cose semplici, e canta durante e al posto dei telegiornali.

I bambini senza infanzia

Troppi bambini nel mondo non hanno diritto all'infanzia.

Se nel settore industriale lo sfruttamento della manodopera infantile è diminuito, resiste invece ancora – fino al punto da essere considerato una piaga – nei settori agricolo, urbano e domestico. Secondo un rapporto dell'ILO (Organizzazione internazionale del lavoro) pubblicato a Ginevra all'inizio degli Anni Novanta, la situazione è particolarmente grave nel Terzo Mondo: «La povertà è infatti la causa fondamentale del lavoro dei bambini. Ma è inaccettabile che nell'attesa che venga vinta la miseria, generazioni di fanciulli siano condannate allo sfruttamento».

È quasi impossibile una radiografia di questo pianeta sommerso. Secondo uno studio dell'ONU, che risale all'inizio degli Anni Ottanta, i bambini-lavoratori sarebbero almeno 150 milioni, cifra che sicuramente è andata dilatandosi con il passare del tempo e sotto i colpi della recessione mondiale.

Nel Terzo Mondo i bambini impiegati nel settore agricolo sono sottomessi agli stessi orari e compiono le stesse attività degli adulti, con grandi pericoli, a causa del cattivo impiego degli insetticidi e di altri prodotti tossici.

Nel settore urbano, molti fanciulli lavorano in piccole organizzazioni, che li obbligano a lavori pesanti, in condizioni igieniche e di sicurezza indescrivibili, con insanabili conseguenze per il corpo e la loro salute. I più vulnerabili, però, secondo il rapporto ILO – sono i bambini costretti a lavorare nel settore domestico, dove non godono di nessuna protezione, sono malnutriti, dormono per terra e spesso sono anche vittime di molestie sessuali o di sfruttamento in questo campo.

Ben altro il quadro che vien fuori da un sondaggio tra i giovani italiani (1992). L'identikit abbozzato è questo: spesso figli unici, i giovani d'oggi – della cultura occidentale – fanno molto sport ma meno che in passato, leggono pochi giornali e molti fumetti, sono per la famiglia e lo dimostrano anche, prolungandovi l'adolescenza fin sulla soglia dei trent'anni. Passatempo privilegiato: guardar vetrine; poi vengono bar e birrerie; poco interesse per il cinema. L'*argent de poche* mensile è sulle 150 mila lire per i ragazzi (40-50 mila lire in più che per le ragazze). Se nel passato prossimo si spendeva molto in marche-simbolo della moda, ora si punta di più su scelte destinate a durare nel tempo. Tipica mania collettiva: gli swatch.

Per il sociologo Francesco Alberoni, i giovani sono spettatori passivi più che protagonisti e non tracciano la linea del futuro. Registrano più che imprimere una tendenza. Per Alessandra Cavagna, che ha curato l'indagine Eurisko 1992 sui comportamenti dei giovani in Italia, «negli Anni Ottanta i ragazzi si mostravano mentre facevano qualcosa: bande e gruppi con le proprie rigidità, il Monclair e le Timberland, o il *punk*. Oggi si mimetizzano. Negli oggetti cade il marchio simbolo e resiste solo il classico artigianale».

Il sociologo Luigi Manconi non vuol sentir parlare di nuovi giovani come di una «tribù di ribelli»: più che rabbia, siamo in presenza di ingenuità: «La libertà di linguaggio è quella delle *gag* televisive e della spregiudicatezza da oratorio: è l'ammiccamento degli adulti che vogliono parlare "come i giovani"... Il giovane vive nell'universo familiare come in territorio nemico: o, meglio, in una *no man's land*. Attento soprattutto a non rivelarsi. A non tradire la propria vera identità. Il linguaggio comune è ridotto a quei pochi monosillabi necessari alla sopravvivenza e allo svolgimento delle funzioni elementari. Il resto della comunicazione appare superfluo e può risultare pericoloso; potrebbe segnalare le reali intenzioni del "clandestino domestico"».

Antonietta Tramonti, psicoterapeuta adleriana: «Vediamo madri fiere di essere amiche dei figli, professori impegnati ad essere paterni o fraterni verso gli studenti, amici lieti di essere complici degli amici. Sembra che pochi accettino la loro parte ma che preferiscano invece eluderla...

La vera, grande "cosa", indeterminata, minacciosa, inquietante è la vita. Che interessa tutti ma tanto più incombe sulle nuove generazioni, se non altro per motivi anagrafici.

I giovani infatti non accettano il grigiore della rassegnazione o non si nascondono dietro lo scudo protettivo del cinismo... Inoltre nessuno ha insegnato loro che, quand'anche l'esistenza non abbia un senso, ognuno di noi ha come dovere irrinunciabile di dargliene uno».

I giovani hanno bisogno di guide. Anche se non lo

esprimono chiaramente, chiedono punti di riferimento, persone di polso nella famiglia, nella scuola, nella società.

Non credono alle mezze calzette, ripete don Redento Tignonsini, un sacerdote che ha vissuto tra i cammellieri del Sahara prima di dedicarsi a curar le ferite prodotte dai nuovi deserti urbani, emarginazione, disadattamento, solitudini, alcol, droga, Aids e morte. Ha fondato sedici comunità di accoglienza e va avanti coerente con la convinzione che «gli educatori facili sono traditori».

Giovanni Testori ha scritto sul «Corriere della Sera» questa nota: «A passi travolgenti il nodo del permissivismo, il nodo stesso della libertà malamente intesa, arriva al pettine sanguinante e doloroso dei nostri tempi. Il "redde rationem" non sembra più rinviabile. Giornali e riviste (che si pretendono spesso di cultura), films e televisioni, con un ritmo in cui la legge del guadagno ad ogni costo si lega a quello della distruzione morale e civile (ritmo di cui ci sembrano essere ormai essi stessi vittime), vanno cercando da anni di infangare la carne e l'anima della libertà».

È importante e decisivo alzare argini contro le spinte di demolizione morale.Un giornale laico come «Le Monde», per ricordare i dieci anni di episcopato del Cardinale Lustiger, è riandato al maggio francese della contestazione, nel 1968. Lustiger, che allora era cappellano del Centro Richelieu alla Sorbona, aveva da tempo fissato la data di un pellegrinaggio degli studenti cattolici a Chartres. Venne a crearsi una concomitanza: nello stesso giorno ci sarebbe stata una manifestazione di protesta contro il governo. Lustiger non si scompose: mantenne la data e molti studenti si misero dalla sua parte.

«Le lezioni di una grossa componente dei maestri di scuola, di giornalismo o di vita sociale – annota il prof. Ulderico Bernardi dell'Università di Venezia – sono da gran tempo orientate a spianare il fronte della famiglia. Tante sono le regole tradizionali ed efficaci che questo tumulto comunicativo ha già spianato. Si è infierito anche nel campo dei delitti e delle pene, laddove erano imposte al reo, l'espiazione, il silenzio, la rieducazione. Nel nome di un progresso, inteso come una sceneggiata, si è rovesciata la vecchia formula, senza trovare di meglio per sostituirla, che i formalismi garantisti, l'esibizionismo (dei giudicanti e dei giudicati), e la rimozione del senso di colpa. Con effetti devastanti per questa disgraziata società, a cui si offrono una sovrabbondanza di modelli negativi, salvo poi lagnarsi delle conseguenze. Tra virtù della prudenza e tentazioni dello scandalo, la scelta, per chi informa e forma l'opinione pubblica, dovrebbe essere obbligata».

Il giornalista e scrittore Sergio Zavoli ha fatto autocritica su «Epoca», parlando del cattivo esempio: «Quanto a noi, si allunga l'elenco dei casi di coscienza. Sappiamo di avere spesso intrattenuto con i figli un rapporto pigro, sfuggente, di comodo. Del resto, una vita artificiale, scambiata per autentica, che macina tutto – lavoro, tempo libero, fantasia – produce non di rado figure di padri stanchi, delusi, insicuri, egoisti... Dappertutto il vivere allo sbando di tanti ragazzi corrisponde a qualcosa che si è guastato nel loro animo quando il nostro modo di vivere ha screditato il patto sociale, facendo saltare il circuito dei valori civili, umani, morali. Ma non è solo traviamento, è anche disperazione...».

Riportare il bambino al centro

Nel Quebec, con una popolazione di 1 milione e 600 mila abitanti, stanno aumentando i giovani sotto i 18 anni che rivelano gravi problemi di inserimento sociale, devianza, problemi di droga, fughe da casa. Cresce il numero dei bambini che vivono per strada, dei suicidi e dei tentativi di togliersi la vita e si contano fino a tremila gravidanze all'anno sotto i 18 anni. A Montreal ci sono più di diecimila persone sotto i trent'anni che vivono come barboni.

In un rapporto del 1991 sulla condizione giovanile si sostiene che tutta quanta la società deve rendersi conto dell'importanza di riportare il bambino al centro delle attenzioni e delle scelte.

Il bambino è un anello debole e l'adulto spesso ne approfitta. «Der Spiegel» (16 agosto 1993) ha presentato un bambino in copertina, con il braccio di una donna da una parte e la mano forte di un uomo dall'altra che se lo contendono. Filo conduttore: i figli vittime dei divorzi. Vengono trattati casi impressionanti di padri che per non «perdere» il figlio, in genere assegnato alle mamme, uccidono le loro creature e si tolgono la vita.

La società deve responsabilizzarsi e capire che val la pena distribuire diversamente l'uso del tempo, magari spendendo (o investendo) una serata a parlare, a discutere, a stare insieme. Quante cose si potrebbero fare.

Amilcare Tonella, pediatra bellinzonese ripete che è tutta questione di volontà. Alcune idee: si potrebbe promuovere un doposcuola per i bambini, un bisogno che sta acutizzandosi nelle famiglie, sia per la competitività scolastica sia per il miglioramento e comunque l'ampliamento dei contenuti didattici. Si potrebbero organizzare dei pic-nic di quartiere, visto come questi stanno diventando sempre più delle isole di anonimato, dove nessuno più si incontra. Ci sono gli oratori da rianimare, molti sono vuoti. Si tratta insomma di trovare o di riaprire strade per incentivare la dignità genitoriale, smettendola una buona volta di considerare il bambino come un elemento di disturbo (e perciò: meglio che se ne stia in camera sua a vedere il programma televisivo che più gli aggrada).

La svalutazione delle parole

La madre di un giovane, che s'è tolto la vita, ha detto di accorgersi che «il suicidio dei giovani non riguarda solo i neurologi, i sociologi, gli psichiatri o le case colpite; coinvolge tutti, perché tutti contribuiamo a rendere poco credibili parole come famiglia, comunità, pace, amore, fede». Suo figlio aveva lasciato scritto: «La mia solitudine è nuova, inesorabile, ineliminabile».

Che fare? Zavoli così risponde: «Bisognerebbe aiutare i giovani a credere che forza e debolezza, rinuncia e impegno, sazietà e vuoto, egoismo e amore non sono separati di netto e per sempre; che non esiste una liberazione portata solo da fuori; che la vita non è fatta soltanto per maledire o per accettare, ma per coinvolgerci in qualcosa. Che la storia, insomma, accoglie chi si disegna, non chi si cancella».

D'altronde gli adolescenti attuali – nell'analisi di Gustavo Charmet, docente di psicologia dinamica all'Università di Milano («Corriere della Sera») – provengono da una famiglia che ha subito radicali cambiamenti rispetto a quella delle generazioni precedenti: basti pensare al massiccio ingresso nel mondo del lavoro delle donne-madri e alla spettacolare crisi dell'autorità del padre.

Si tratta di fenomeni che hanno influito potentemente sul percorso di socializzazione dei figli. Se è vero che essere adolescenti significa essere figli di una madre oberata di lavori e di un padre assente, appare suggestiva l'ipotesi che si prolunghino nel tempo desideri di appartenenza e di intimità. Non essere più inseguiti dalla grande madre del passato e non doversi più battere con il fantasma minaccioso del padre autoritario, è sicuramente un importante risparmio di energie. Appare però legittimo chiedersi se il progressivo allentamento dei vincoli familiari e sociali, non possa lasciare inevasa una profonda esigenza di appartenenza: in questa prospettiva diviene comprensibile la necessità di immergersi in un bagno di suoni o l'esigenza di appartenere ad un gruppo.

Il consumo di musica, solitario o in gruppo, crea appartenenza; è il nuovo esperanto giovanile, in grado di accomunare adolescenti di diversa madre lingua in un corale dialetto affettivo di base; perciò è irrinunciabile. Il gruppo dei pari età è la nuova famiglia allargata. I modelli adulti ideali sono nello sfondo, sfuocati e poco convincenti.

Che il fantasma minaccioso del padre autoritario stia dissolvendosi è confortante, certo, ma Ernesto Caffo del «Telefono Azzurro» dichiara che «la violenza fisica è al primo posto nella classifica percentuale dei casi che il Telefono Azzurro ha registrato nei suoi primi cinque anni di attività. Spesso le notizie di cronaca ce ne parlano: ma quello che i giornali rivelano è solo la punta dell'iceberg, e non è nulla in confronto alla crudeltà che quotidianamente si consuma ai danni dei più piccoli in ogni angolo d'Italia e del mondo. Quasi sempre si tratta di una forma deviata di linguaggio: ci si tratta violentemente, perché quello è l'unico modo rimasto per potersi comunicare. Ma subito dopo la violenza fisica c'è quella psicologica, che per i suoi effetti sui bambini è non meno devastante e grave: come quando si ripetono a un bambino frasi del tipo non ti riconosco, oppure sei un incapace. In questo modo si creano figli nevrotici, turbati».

A chiamare Telefono Azzurro sono soprattutto minori che appartengono a fasce sociali avanzate e stimolate culturalmente. Ancora Caffo: «Bambini che vivono in un universo più consapevole dei propri diritti e delle possibili risposte fornite dai servizi sociali. Più ci si allontana da Bologna e più il disagio si tinge di abuso, soprattutto al Sud. Dalla Sicilia e dalla Campania le segnalazioni arrivano in particolar modo sull'altra linea, chiamate d'urgenza che denunciano violenze».

Ai metodi bruschi o sbrigativi o maneschi dei genitori, vanno aggiunti i soprusi scolastici, con castighi che ancora resistono. Lo ha potuto accertare, per esempio, la SWG di Trieste, in una ricerca compiuta per «Bunny Band», mensile di avventure a fumetti per bambini dai 7 agli 11 anni della Rcs Rizzoli: 7 insegnanti su 10 usano punire i ragazzi per compiti non fatti, per eccessiva vivacità e per ritardi. Le punizioni più diffuse: espulsione dalla classe, sovraccarico di compiti, obbligo di ricopiare più volte le frasi, stare nel banco da solo. Da considerare poi l'aggiunta di reazioni da parte dei genitori, che spesso rincarano le dosi: il 49 per cento dei papà e mamme si arrabbia e rincara la dose, il 27,7% vuole conoscere le ragioni, il 7,5% va a parlare con i docenti e solo lo 0,4% dà sempre ragione ai figli. C'è il pericolo di incomprensioni, di rotture nel dialogo spesso difficile tra genitori e figli e si può arrivare anche ad un blocco verso la scuola e i docenti.

«C'è sempre una fuga per la tangente di fronte al problema giovani – fa osservare il giornalista Silvano Toppi –: colpevolizzare la scuola. Anche qui con una strana ambivalenza: se la scuola (i docenti) è esigente, severa, si muovono i gruppi di genitori "offesi" per decretare l'incompetenza, la "sproporzionalità", l'ingiustizia; se la scuola lascia correre, per addossarle la responsabilità dei fallimenti dei propri figli. Ci sono due atteggiamenti che sembrano affermarsi: l'uno piuttosto rassegnato e staccato: i figli che si arrangino, facciano la propria esperienza (non si può impedirglielo: chi può seguirli?); la scuola è un passaggio obbligato, poi si vedrà. L'altro, invece, piuttosto interventista ed esigente: sia nel senso di un ritorno alle vecchie maniere, sia nel senso di rendere tutto parossisticamente funzione del reddito o del prestigio futuri. Nel primo caso, gli adulti abdicano; è come lasciare una barca tra i marosi: può giungere in porto ma può anche affondare. Nel secondo caso, o si finisce in "esplosioni" violente e magari drammatiche o si rischia di creare dei buoni fantocci. Una via più impegnativa consisterebbe nel non barare né con se stessi né con i giovani, nel guardare in faccia i problemi che sorgono, nel cercare assieme una soluzione senza affrettarsi a dare delle pseudo-risposte. Destare il senso di una libertà responsabile, rendere attenti alla complessità delle relazioni sociali, delle interazioni economiche, aiutare a discernere, a scegliere, a decidere, a mostrare le conseguenze per gli altri degli atti commessi oppure anche di quelli omessi. Certo, è più facile a dirsi che a farsi. Purtroppo, come potranno gli adulti immersi nella confusione della loro epoca, loro stessi schiavi della banalità e del tempo inutile e infruttuoso (che non è il tempo del dialogo) senza bussola, chiusi e intellettualmente invertebrati più dei figli, aiutare i loro eredi a uscirne? Con la coscienza della necessità di cambiare e la volontà, potrebbe però essere – allora – un doppio salvataggio».

Il fatto è che – giudizio del pedagogista Benedetto Vertecchi – «negli ultimi decenni abbiamo vissuto grosse trasformazioni culturali in molti settori. Adesso l'itinerario standard di studi, dall'ingresso a tre anni all'uscita a 16-18 anni, attraversa almeno una grande rivoluzione culturale, cosa impensabile una volta. I diciottenni che quest'anno si diplomeranno sono entrati a scuola materna quindici anni fa, quando i microprocessori erano ai primi vagiti e nessuno parlava di società informatizzata.

La conoscenza da stabile è divenuta dinamica, e lo stesso dovrà fare la scuola. Che dovrà abbattere molti feticci.

Chiamiamo ancora "nuovi" i programmi della scuola media, che hanno già quindici anni e che sarebbero da cambiare.

Quindici anni nell'Ottocento erano insignificanti, ma oggi le cose non stanno più così: gli atteggiamenti, le attitudini, le conoscenze cambiano considerevolmente nel giro di pochi anni».

Il richiamo del frigorifero

I cambiamenti si moltiplicano. Nella società moderna, genitori e figli trascorrono sempre meno tempo assieme; una delle conseguenze di quest'evoluzione potrebbe essere un ritorno generale all'autoritarismo: è la preoccupazione del prof. Erik Sigsgaard, danese, che ne ha parlato a un congresso internazionale sulla prevenzione dei conflitti familiari, tenuto a Losanna. «Nelle famiglie americane, ci si incontra soltanto davanti al frigorifero – ha commentato Sigsgaard. Anche da noi il tempo trascorso in famiglia tende a diminuire. I genitori dedicano attualmente circa 95 ore alla settimana al lavoro e agli spostamenti professionali. Negli Anni Cinquanta, queste attività richiedevano soltanto 55 ore. In pochi decenni, i bambini hanno dunque perso 40 ore alla settimana di vita in comune con i genitori».

Benché si viva ancora in un'epoca caratterizzata da un sistema educativo liberale, la tendenza che potrebbe risultare da questo stato di cose – dice lo specialista danese – è proprio un ritorno all'autoritarismo.

«Vedendosi poco, i membri della famiglia si conoscono meno; di conseguenza, i genitori vivono nell'impressione di dover controllare i figli e organizzano minuziosamente l'impiego del tempo della propria progenitura». Le istituzioni (nidi d'infanzia, scuole, attività para-scolastiche), riproducono presto o tardi il comportamento dei genitori. I bambini diventano sempre più dipendenti dai genitori e dalle istituzioni. Abituati fin da piccoli a conformarsi a decisioni altrui, i bambini diventeranno adulti passivi, poco interessati alla vita politica e sociale.

«In fondo – è la conclusione di Sigsgaard – i genitori sono consapevoli del problema. È per questa ragione che molti tentano di difendersi con l'argomento qualità-quantità. Personalmente, sono convinto che il tempo trascorso assieme è necessario non soltanto allo sviluppo dei bambini, ma anche dei genitori».

Tra le braccia della TV

Che la famiglia sia sempre più lontana dai bambini e dai ragazzi è confermato da un'indagine del Censis sull'«essere bambini» nella realtà d'oggi.

Disturbatori della quiete domestica o addirittura «un noioso incidente» che complica i problemi della famiglia. Il bambino, il ragazzo, l'adolescente ci sono quando «fanno» cronaca: si pensi soltanto ai ventimila casi all'anno di violenze subite o si consideri l'incidenza del fattore-TV, con l'85% dei piccoli fruitori condizionati o suggestionati nei comportamenti, nel linguaggio, nei giochi. Il Censis ribadisce con la forza delle cifre quanto già si sa e su cui si punta l'indice da anni: il 72,5% dei bambini italiani non va mai al cinema ma passa in media tre ore al giorno, e in qualche caso anche 5-7, davanti al piccolo schermo. Non si è distanti dai livelli della situazione lamentata negli Stati Uniti. Oltre ai programmi diffusi dalle molte emittenti, giorno e notte, praticamente non-stop, si rileva un crescente uso del videoregistratore e di video-games a portata di mano del 51, 8% del campione.

Un quadro che fa pensare è quello sugli interlocutori «interni». Quando il figlio non è a scuola, tocca alla madre – nel 71% dei casi – occuparsene; poi vengono i nonni al 16,1%, ed è una grave perdita di presenza, perché favoriscono una serena crescita dei bambini con la loro esperienza e una virtù in cui sono grandi maestri, la pazienza. Si dice che i genitori esercitano appieno le loro funzioni educatrici da... nonni: anche questa è una circostanza che va attenuandosi.

Non parliamo poi delle cure del padre, che in classifica è al 2, 9%; poi si trovano i fratelli e le sorelle maggiori all'1,4%; i parenti conviventi all'1,1% e i parenti non conviventi all'1% . Altro amaro dato che emerge: la dimensione unitaria si dirada e solamente nel 2, 3% il bambino è seguito insieme da papà e mamma. Si consolida (4% del rilevamento Censis) il ricorso a babysitter e personale esterno.

Considerando la rivoluzione demografica in atto da vent'anni nell'America del Nord ed in Europa, con il tonfo delle nascite e l'aumento delle famiglie mononucleari, il sociologo francese Louis Roussel fa rilevare come «i bambini che oggi hanno da 0 a 10 anni, trascorreranno la loro infanzia con un solo fratello o sorella. Essi conosceranno soltanto uno o due zii, mentre i cugini saranno praticamente degli estranei. Gli effetti sulla socializzazione dei bambini sono ancora sconosciuti, ma potrebbero essere gravi». Anche in questo caso, un ritorno all'autoritarismo, o persino l'instaurazione di un totalitarismo è una crescente possibilità. Un valore che sta rispuntando fra gli adolescenti e i giovani è l'amicizia. Con un'inchiesta è stato esplorato il vivere di mille formazioni di «teen agers». Età sotto osservazione: dai 15 ai 18 anni. Risultanze: la morfologia della preparazione culturale è molto variegata, con abbondanza di modelli; c'è chi ha studiato e chi si è orientato sul lavoro, chi continua a tenersi aggiornato e chi preferisce frequentare le compagnie e i ritrovi pubblici. Un cemento comune, che dai giovani può essere traslocato sui cantieri esistenziali degli adulti, è senz'altro costituito dal gruppo. Che nel 72% dei casi nasce dal bisogno di divertimento, nel 64% come rincorsa di amicizia, nel 54% per trovare persone e ambienti in sintonia. Un 22%, infine, affida all'amicizia il desiderio o il proposito di «cose fuori dall'ordinario», un ventaglio molto ampio di progetti e di interessi, dal campo musicale allo sportivo. Il richiamo del gruppo, e quindi della socializzazione, è molto pronunciato e sale con l'attenuarsi del metro umano, che ha misurato la crescita fino al passato prossimo.

Nei palazzi, palazzoni e condomini che accorciano gli spazi tra città e periferie, si estendono gli anonimati e le solitudini; non ci sono più i percorsi umanizzanti, le piazze e le stradine dove ci si raccoglieva a quartieri o contrade. Dalle famiglie numerose si è passati a quelle con figlio unico, iperprotetto, in cui si «investe» il tutto dei propri sogni e delle proprie attese mancate. Quando, crescendo, il bambino troverà il vuoto attorno a sé, avvertirà più forte il bisogno di incontri, di stare in gruppo, di stringere amicizie. Per divertirsi – come confessano 63 intervistati su cento – oppure per stare con i coetanei (nel 19% dei casi).

Nella famiglia mononucleare si incontrano sempre più casi di bambini viziati e, soprattutto, insicuri, oppressi e perseguitati. «In primo luogo – consiglia il puericultore prof. Marcello Bernardi – è bene ricordare che il bambino (e anche l'adulto, del resto) ha bisogno di punti di riferimento solidi, sicuri, stabili. Ha bisogno di gente di cui potersi fidare. I genitori, di solito. Genitori che sappiano quello che dicono, che facciano quello che dicono e che dicano chiaramente quello che vogliono».

Il bambino sconfitto

«Tre regolette molto semplici, piuttosto ovvie, – come asserisce Bernardi – non sempre seguite. L'adulto, spesso, si comporta col bimbo come se non si trattasse di un bimbo ma di un cane in addestramento... Qualche altra volta, paradossalmente, lo si tratta come il consigliere di amministrazione di una multinazionale. Gli si spiega tutto, per filo e per segno, mediante ragionamenti spesso abbastanza astratti e costruiti secondo una impostazione di tipo logico-matematico...

Inoltre, a rendere ancora più problematici i diversi discorsi, molti adulti svolgono le loro argomentazioni con tono bamboleggiante, riservato al ragazzino. Il quale non capisce assolutamente niente del ragionamento, ma comprende perfettamente il tono, che è quello delle situazioni critiche, spiacevoli, minacciose. Questo il bambino lo avverte subito: quando i genitori adoperano quella cantilena consolatoria, c'è sotto qualcosa. Ed è meglio non fidarsi».

Parlando del bambino viziato e del disorientamento che si crea in famiglia, Bernardi racconta di genitori che perdono la calma e il controllo di sé, che rispondono alla violenza con la violenza, all'insulto con l'insulto, all'aggressione con l'aggressione. E qualche volta, bisogna dirlo, con questo metodo ottengono una tregua. Ma il bambino che non combatte più, come diceva un grande psicanalista, non è un bambino educato. È solo un bambino sconfitto. Qualche volta sconfitto per sempre, e allora diventerà probabilmente un adulto malsicuro, privo di ogni autonomia, pavido, dipendente in ogni caso dalla protezione di qualcuno o di qualcosa. Qualche volta invece la sconfitta è solo temporanea, e allora c'è da aspettarsi una ripresa delle ostilità, in genere con manifestazioni ancora più clamorose e perturbanti di quelle di prima.

Come norma, il prof. Bernardi fa presente che «il bambino non è un poveraccio da condire con qualche moina, non è un essere inferiore da tenere a bada con blandizie o intimidazioni minatorie, e non è una fiera da domare o da addomesticare. È un uomo e come tale degno di rispetto. In qualsiasi circostanza».

Tanti giovani sbandati, un numero crescente di emarginazioni vengono proprio dalla mancanza di amore dei genitori.

Ne ha lasciato testimonianza Isidoro Meschi, che fu sensibile animatore della comunità «Marco Riva» di Busto Arsizio, prima di pagare con la vita la sua scelta d'amore per i giovani che fanno fatica. Quello dei genitori, dentro la famiglia, è un amore che, «riconoscendo concretamente e non solo in linea di principio il figlio quale persona da scoprire e da incontrare oltre che da accudire, sa educare progressivamente alla consapevolezza della propria identità e alla gestione della propria libertà. Si deve quindi essere esigenti su questi obiettivi primari di educazione e mostrare coerentemente, e senza veli, le conseguenze reali dei diversi comportamenti. La carenza vera dei genitori perciò non sta nel rifiuto di dare ma nella paura, nella rinuncia a chiedere, nella genericità del dialogare e, ancor più nell'età adolescenziale, nell'interezza e nell'imprecisione a proposito di forti testimonianze sui significati e sui valori della vita. Quando i genitori esauriscono il meglio delle proprie energie psicologiche nelle molteplici attività non strettamente finalizzate al rapporto personale diretto con i figli, non possono far altro che diventare iperprotettivi e/o iperconcessivi, con la tendenza a dare molte cose quale inconscia riparazione del "non dare" se stessi. Le famiglie diventano così la catena di trasmissione ideale della logica consumistica e, quando manca una capacità critica di scelta dei consumi, qualsiasi consumo può diventare prassi di vita. Una persona cresciuta soltanto con la pretesa di essere soddisfatta – o almeno sistematicamente compensata – e con le amplificazioni senza limiti del superfluo, si rivela non pronta per nessun piano preciso di vita. I genitori dei tossicodipendenti perciò sono coloro che amaramente si trovano a capire quanto sia stato pericoloso non insegnare ai propri figli concetti di gratuità e di necessità. Attraverso regali sempre più costosi, magari finalizzati a incentivare promozioni o successi agonistici, i loro figli non hanno mai sperimentato la ricerca e la conquista di autentiche soddisfazioni interiori e sono infine giunti ad essere dipendenti dal piacere aggiuntivo e inutile, materiale e totalizzante».

Isidoro Meschi portava ad esempio e come prova la confessione di un ragazzo: «Mi spaventa terribilmente questa casa dove non riesco a parlare con i miei genitori che vedo tante volte; dove ci si comporta secondo schemi diventati abitudine senza accorgersene; dove stiamo soli con le tante nostre cose senza pensare che si possono condividere con gli altri le nostre gioie e i nostri dolori. È triste; ci si arrende; si corre verso lo sballo». Nelle famiglie si dovrebbe compiere la scoperta di cui parlò tanto Enzo Paci: «Ogni uomo è un'isola che affiora alla vita da un continente sommerso; vediamo altre isole e il mare ci sembra una bandiera insuperabile, ma sotto il mare c'è una sola terra continua che ci lega l'uno all'altro. È una scoperta frutto di tanta fatica ma salva dalla paura, dalla noia e dalle ingannevoli sirene... La vita non è qualcosa, ma un'opportunità per qualcosa. Il guardare, lo studiare la vita come un compito da concepire e da condurre quotidianamente, come una possibilità storica affidata all'impegno di ogni persona, consente anche di scoprire il significato del tempo dell'esistenza umana».

E poter fermare il tempo

«La quotidianità, con la giornata piena di cose da fare – è l'autocritica di Alberto Michelini, noto volto televisivo, sceso in campo anche per la politica – rischia sempre di travolgerti; le settimane, i mesi e gli anni volano e i figli te li ritrovi adulti senza capire come e perché, commettendo magari l'errore di trattarli ancora da bambini, per non aver percepito quel cambiamento e per non essere stati capaci di adattarsi a quella realtà nuova che è l'adolescenza. Come poter, per così dire, "fermare il tempo" nell'ambito di una famiglia, che non deve essere statica? È ciò cui tutti i genitori, anche se a volte inconsapevolmente, aspirano, ma è un obiettivo raggiungibile a caro prezzo. Sicuramente, per cominciare, al prezzo del proprio egoismo. Essere genitori vuol dire vivere per i propri figli, amarli al punto tale da saper essere sufficientemente severi quando sbagliano, da sapersi appassionare alle loro vicende, un compito o uno sport, anche se ciò significa rinunciare alla lettura di un giornale o alla visione di una trasmissione televisiva.

A questo proposito mi appello alla coscienza di tutti i padri che tornano a casa stanchi, se non distrutti, da una giornata di lavoro difficile, complicata e senza soddisfazioni. Quante volte abbiamo reagito bene alle richieste dei nostri figli che aspettavano solo quel momento per chiederci la traduzione di una frase di latino, o la soluzione di un problema di matematica o, quel che è peggio, di ascoltare che ci ripetano la lezione di storia o di geografia? Non è facile. Ma è lì che "fermi il tempo", che ti guadagni la loro stima e la loro confidenza, è lì che rispondi a quelle esigenze più profonde che vanno ben aldilà dei compiti nei quali vogliono coinvolgerti. Se ce ne rendessimo conto, ogni volta lasceremmo fuori della porta di casa, facendo un consapevole sforzo prima di entrare, la stanchezza, il nervosismo, le preoccupazioni».

Per lo psicologo Fulvio Scaparro «gli adolescenti di oggi sono i bambini di qualche anno fa. Quegli stessi bambini già saturati nel loro tempo dalle scelte extrascolastiche, che i genitori hanno fatto per loro: la danza, il pianoforte, lo sport e quant'altro.

Non guardiamo gli adolescenti come se fossero altro da noi, perché noi stessi li abbiamo pressati in questo modo. Il rifiuto di lasciare la famiglia di origine, come segno caratteristico dei nostri adolescenti? Certo, ma tanto meglio si sta in famiglia, tanto meno si ha voglia di lasciarla. Ma cosi è sempre stato. Se c'è un rifiuto dell'emancipazione adulta, questo vuol dire che sia gli adolescenti che i genitori tendono alla "fusione" e a non rischiare. In nessun caso, però, è una responsabilità dei soli adolescenti. Anche noi adulti ci sentiamo rassicurati se i nostri figli stanno in casa e possiamo controllare la vita. Tendiamo all'"economia chiusa" nelle nostre famiglie. C'è in generale una grande paura generalizzata di vivere».

Quale ricetta dare alle famiglie? Per Scaparro «bisogna evitare di fissarsi su categorie generazionali. L'età dà sicuramente un'arma in più per capire il mondo. Occorre però moltiplicare le occasioni di confronto, all'interno e all'esterno. E poi si dovrebbe limitare al massimo la dipendenza dalla televisione e dal consumo privato dell'informazione e dello svago. Fare scelte alternative, incontrare altre persone, visitare altri paesi e culture, aiuta a mantenere alta la soglia di vigilanza e di senso e stimola gli adolescenti a comprendere la complessità. La pigrizia è comprensibile ma mortale. I giovani hanno per natura un maggior dinamismo. Gli adulti non si misurano con le cose dal vivo, ma spesso si soffermano solo a "commentare". Ed ottengono molte volte un effetto di rifiuto».

Precarietà, incertezze, esitazioni: il sociologo Alessandro Cavalli li spiega con il fatto che «viviamo in società molto complesse. Società così differenziate al loro interno, sfaccettate, che non è possibile dare di esse un giudizio globalmente valido. Si tratta di società molto poco trasparenti. I giovani lo avvertono. Una società si semplifica quando diventa chiaro verso quali obiettivi sta andando. Allora, il marciare in una direzione rende trasparente l'immagine. La nostra società non sa bene dove sta andando. I criteri di orientamento sono saltati. Per questo, data l'opacità e l'incertezza del futuro, anche i giovani presentano le stesse incertezze ed insicurezze».

Per migliorare il rapporto educativo, lo psicologo padovano Guido Petter concorda sulla necessità di evitare taluni comportamenti, «ma molti altri sono positivi e quindi si possono assumere senza nessuna remora. Raccontare le fiabe ai bambini, giocare con i figli, dialogare molto con loro quotidianamente, preferire le sanzioni positive, la lode o il premio, alle sanzioni negative, la punizione, sono indicazioni che non dovrebbero mettere in angoscia».

Una raccomandazione, sempre di Petter: attenti al buon senso. «È un'espressione un po' ambigua, talvolta anche pericolosa. In nome del buon senso si sono picchiati i figli, si è creata un'atmosfera autoritaria. Meglio affidarsi alla consapevolezza, basata su una conoscenza dei fondamenti della psicologia e della pedagogia. È sulla base di questa consapevolezza che si possono seguire regole di condotta nell'educazione dei figli».

Marco Masini, riconosciuto interprete e passaparola degli atteggiamenti e delle attese dei giovani attraverso la comunicazione della canzonetta, è convinto che gli adolescenti del nostro tempo «sembrano essere fuori dalla realtà, ma incontrandoli ci si accorge spesso che potrebbero essere "i grandi" quelli che si rendono conto in ritardo delle trasformazioni del tempo. I giovani hanno idee abbastanza chiare su tutto ciò che li circonda e riescono ad esprimere il loro parere su ogni problema: dalla droga al sesso, dalla religione alla scuola. Forse l'unica colpa che hanno è quella di confrontarsi poco, ma questo probabilmente deriva dal fatto di non essere ascoltati a sufficienza».

L'adolescenza è anche e soprattutto l'età delle potenzialità, delle scoperte: «un età in cui – spiega il sociologo Alberto Melucci – ci si misura con tante prove, tante difficoltà, certo, ma questo fa parte della fisiologia di questa stagione della vita. Una stagione ai confini del sogno, ma con la passione del progetto, nei dubbi della scelta e nelle paure della relazione, con la fatica di parlare e il bisogno di essere ascoltati. Una stagione che termina ma non passa mai; la sua memoria o il suo strascico si prolungano nelle grandi tappe dell'esistenza, con un'eco vivida continuamente ridestata», perché qui «sono concentrati tutti gli snodi più significativi dell'esperienza umana, quelli stessi che incontriamo diluiti nell'arco di una vita: il dramma della scelta, la necessità di cambiare, la paura di farlo... I ragazzi di oggi pensano pensieri nuovi e hanno nuovi sogni. Madri e padri cercano strade da percorrere, spesso condividono lo smarrimento e l'incertezza dei figli e rinunciano al potere di essere guide. La memoria e la testimonianza di cui gli adulti sono portatori il più delle volte è inadatta a comprendere e indicare la via».

A una società come la nostra, è ingenuo, confessionale, bigotto richiedere di più. Ancora poche voci hanno fiato per gridare che così si va verso il suicidio sociale. Il Censis, in una recente indagine, ha parlato di «giovani orizzontali», senza rapporti dialettici con la precedente generazione, che votano per sentito dire, che brancolano nel buio pieni di paure, appiccicati morbosamente alla famiglia di origine, che li coccola oltremodo. Continueranno così i nostri giovani ad emulare i peggiori, perché un'indagine – sempre del Censis – ci dice che la via della droga è stata sperimentata da 35 giovani su cento, sia pure per mera curiosità e, nell'88% dei casi, per emulare il comportamento altrui. Se continueranno così, i nostri giovani sviliranno quell'immensa forza vergine che pulsa dentro i loro cuori. I grandi educatori ci hanno sempre suggerito che un peccato va evitato a tutti i costi, con i giovani: è quello di chiedere loro troppo poco. Il giovane si nutre di eroismi, di sfide, di assoluti, di offerte totali. Un grande allenatore di basket, handicappato, Bucci, parlava così dei giovani: «Hanno dentro valori, ma nessuno glieli va a grattare». Noi, anziché fare l'impossibile per grattare e portare alla luce queste potenzialità e queste richieste valoriali dei nostri giovani, ci accontentiamo che si droghino sotto controllo, che si spinellino quel tanto che basta. Arriverà il nuovo secolo e anziché presagirci un nuovo umanesimo familiare, ispirato ai grandi valori della vita e dell'uomo, ci vedrà assistere, impietriti, allo spettacolo di giovani, felici perché fra una canna e l'altra potranno preparare un esame all'università.

All'ultimo brivido

Si è banalizzata a tal punto la vita, che la si gioca come alla roulette russa: in assurde sfide mortali, saltando dal ponte all'arrivo del treno o bruciando gli stop di notte, nella nebbia o viaggiando a fari spenti oppure, ancora, gareggiando a chi si alza per ultimo, su un rettilineo, all'arrivo della prima auto.

Furio Colombo ha raccontato una di queste sfide mortali. «Il gioco, a cui si può assistere solo dall'autostrada, consiste in questo. I ragazzi, nuotando nella laguna, si aggrappano ai pali e si arrampicano sul ponte, che è molto stretto e non prevede alcun spazio per camminare. Una volta arrivati in alto, si issano in equilibrio sullo stretto parapetto di legno e aspettano. Sanno con esattezza gli orari e sanno se il treno è diretto a Sud o a Nord, per scegliere il luogo del salto. La mattina passano i treni diretti a Sud. Perciò i ragazzi in attesa si schierano sulla sponda più vicina al mare, voltandosi verso l'autostrada. Chi osserva la scena lateralmente ha l'impressione che il treno avanzi molto lentamente. In realtà viaggia sulle cinquanta miglia l'ora. I ragazzi sentono l'arrivo del treno (che per loro sbuca all'improvviso da una curva e da una galleria) nel tremore del ponte di legno. Pare che le regole siano solo tre. La prima è che non devi saltare fino a quando non vedi in faccia il manovratore. La seconda è che non si salta mai all'indietro, ci si getta in avanti, di fronte al treno che arriva. La terza è che devi saltare da un parapetto all'altro. E dal secondo parapetto non hai che una scelta, buttarti in mare. Sono circa dieci metri d'altezza, ma è importante sapere sempre le condizioni della marea. Se è bassa, sbatti. È un gioco senza margini, perché il ponte è costruito in modo da non poter restare su uno o sull'altro dei parapetti di legno quando passa il treno: non c'è spazio. Mi hanno spiegato che è stato fatto di proposito dalla compagnia ferroviaria, dopo che si era diffusa la sfida del gioco. Intendevano impedirlo. Invece, restringendo lo spazio sul ponte, la sfida si è fatta infinitamente più invitante, perché mortale. I ragazzi, di solito tre per volta, sono costretti a saltare. Vince chi salta per ultimo, e sarebbe bollato dal disonore ("*chicken*") chi si buttasse all'indietro. Saltando in avanti, però, bisogna cadere sull'altra sbarra del ponte. All'interno non c'è salvezza. E non c'è abbastanza rincorsa per saltare direttamente, oltre la seconda sbarra, nel mare. Perciò il gioco è di altissima acrobazia. Si aspetta in equilibrio, si cade restando in equilibrio (guai a ricadere all'indietro sui binari) e ci si butta subito nella laguna. Vince chi affronta il rischio estremo e salta per ultimo... Nonostante l'ostacolo di diciassette diverse reti e barriere di filo spinato, i ragazzi si buttano nella laguna, raggiungono il ponte e si preparano al salto, ogni giorno. Smettono – dice lo sceriffo di Carlsbad (California), quando finisce l'adolescenza. Cominciano quando fisicamente sono in grado di farlo. Evidentemente si forma una autoselezione spietata... A quanto pare, è la sola cosa che considerano "la vita", la sola prova che immaginano necessaria».

Dov'è l'uscita da questo sconfinato labirinto? «È la società che non va nel suo complesso – sostiene lo psichiatra Piero Rocchini –: se cerchiamo cause e colpe nelle singole parti, non risolviamo niente. Se vogliamo migliorare, non possiamo sperare di poter modificare solo ciò che non piace: dobbiamo accettare di cambiare noi stessi».

Emozionarsi a «strangolino»

Un altro «gioco» assurdo fa titolo sui giornali nell'estate 1993: lo strangolino. Una gara incredibile tra ragazzi, a Venezia, sfiora il dramma. «Madre» di questo passatempo è la caserma. Lo svolgimento: uno fa qualcosa come quindici inspirazioni profonde, fino a che è ben ossigenato, poi qualcun altro gli stringe la carotide e questi dovrebbe avere un annebbiamento. Ecco lo sballo, il bisogno di sballare in cerca di emozioni, fin sulla soglia del coma. Un diciassettenne di Mirano, nella campagna veneziana, ha perso i sensi, è caduto per terra battendo la testa e si è ritrovato all'ospedale con prognosi riservata. Varianti previste: ognuno può apportare modifiche, basta che siano stabilite prima. Fanno scuola pellicole come «L'impero dei sensi» e «Tokyo decadente». Vincitore è chi riesce a far svenire gli altri: chi dà il colpo e non chi lo subisce per sentirsi eroe o anche solo protagonista o coraggioso di contrada. Sul podio, insomma, sale il violento, chi usa la forza e non chi porge le guance o, in questo caso, la carotide.

Tilde Giani Gallino («La Stampa») chiama in causa gli adulti, con la loro pelle dura verso le attese delle nuove generazioni. «Gli adulti sono portati spesso a sottovalutare, proprio perché la loro adolescenza è ormai troppo lontana, che cosa significa per un adolescente vivere con un corpo che si trasforma ogni giono e si fa quotidianamente più potente. Tanto da far credere di poter compiere imprese impossibili. Proprio come certe azioni che pochi anni prima erano davvero impossibili, perché si era bambini. Per contro, l'adolescente si trova, senza valutare la portata di tale fattore in una situazione di inesperienza. Ha fatto troppo poca pratica in proprio, e ancor meno ha potuto osservare gli errori altrui, per avventurarsi in quello che viene chiamato un "rischio calcolato". Rischia e basta».

Tilde Giani Gallino, che è psicologa dell'età evolutiva, aggiunge che «la ricerca in psicologia sociale ha dimostrato che gli adulti che vengono a trovarsi all'interno di un gruppo tendono ad assumere dei rischi di gran lunga maggiori di quelli che affronterebbero se fossero soli. Si tratta di un fenomeno conosciuto con il nome di "tendenza del gruppo al rischio", ampiamente indagato, e si applica molto bene al caso degli adolescenti impegnati nel gioco dello "strangolino". In casi simili diventa molto importante il momento della presa della decisione: si parte per un gioco che sembra uno scherzo e si dimentica inconsciamente di fissare ad esso dei limiti ben precisi.

E senza un finale rituale, concordato in precedenza, sembra che nessun meccanismo possa intervenire – a meno di rimetterci la faccia e l'"onore" – a fermare certe scommesse...».

Interessanti – e da meditare – le conclusioni della psicologa: «Fa parte dei giochi a rischio il fatto di doversi svolgere "qui e ora": non c'è il tempo di misurarsi con un calcolo razionale delle effettive possibilità di riuscita.

Chiunque volesse introdurre dei limiti o proponesse alternative meno rischiose, correrebbe a sua volta il rischio di essere considerato un pavido. La decisione del gruppo tende a spostarsi nella direzione della maggioranza, oppure si polarizza attorno alla posizione del leader. In un gruppo di adolescenti il leader è spesso quello più vecchio, magari anche solo di un anno, o quello che ha maggiori capacità verbali, o quello che ama di più il rischio. Non necessariamente il suo rischio personale».

Un altro copione da brivido ha per teatro la periferia nord di Firenze, con lo «stradone del metano» che diventa una pista per imprese spericolate.

Qui la sfida consiste nel percorrere i due km di strada in motorini, rigorosamente «truccati», su una ruota sola. Una limatina di qua e una di là, i «125» arrivano sui 170.

Massimo della «suspence» quando c'è il confronto allargato, tra moto e motorini di tutte le cilindrate. Bisogna correre a tutta manetta per superarsi nello spazio compreso tra sei pali della luce, posti a divisoria delle due carreggiate.

Vitelloni-bene

Sempre per provare emozioni, per «sballare» rispetto alla noia della loro quotidianità, un gruppo di figli di papà ha scelto la via del furto. È capitato a Catanzaro (notizia sui giornali il 12 settembre 1993) ma succede in molte altre città e un po' dappertutto nel mondo. Li chiamano i ladri per capriccio e per divertimento. A Catanzaro erano tre ragazzotti che per occupare l'estate s'erano messi di buzzo buono a far man bassa di tutto quanto riuscivano a rammassare: televisori, videoregistratori, pellicce, oggetti di valore, gioielli, tappeti, quadri, naturalmente soldi. I carabinieri hanno impiegato un giorno a caricare la refurtiva accumulata dai tre diciottenni, freschi di diploma, con voti da invidiare e provenienti da famiglie-bene. Perché l'hanno fatto? Hanno spiegato che la loro città è una noia mortale e che per dare sale e pepe alle loro monotone vacanze hanno messo gli occhi su amici facoltosi. Si facevano premura di visitarli e, scegliendo il momento buono, «soffiavano» le chiavi per tornare poi a colpire a mano sicura, quando – conoscendo le abitudini – sapevano di poter agire con un buon margine di sicurezza. «Volevamo fare qualcosa di nuovo per sentire la scossa del rischio dell'avventura, del proibito». Dopo i colpi, sistemata la refurtiva, si lasciavano andare alle gozzoviglie come ladri consumati. Uno, per sentirsi più eroe, teneva in casa anche una Beretta calibro 9.

Gli aeroplani che non tornano

Quante storie tristi o sconfortanti percorrono, purtroppo, i nostri giorni. «In tempo di guerra – ricorda lo scrittore Giorgio Torelli – i bollettini andavano sempre peggio. Li si ascoltava in piedi, dilaniati e percossi. Si sentiva sgretolare l'idea stessa di patria e di collettività. Le parole ci rovinavano addosso come i calcinacci allo schiantare delle bombe. Quei bollettini spesso finivano: "Alcuni nostri aerei non sono tornati alla base". Diciamolo, allora. Diciamolo schiettamente. Sono troppi gli aeroplani che non tornano anche oggi. Per aeroplani impallinati, intendo le ali del nostro sentire comune, l'eterna e delusa speranza nazionale di voli finalmente più alti, di quote ideali, limpide e libere, dove ai giovani (per esempio) sia dato di incontrare la ventura dell'onestà e l'irrinunciabile richiamo dell'impegno civile. Altri bollettini avanzano, crescono, incombono, sono già in agguato. L'Italia li ascolta seduta».

Sale la concretezza, scendono gli ideali. Francesco Alberoni commenta che «non c'è da meravigliarsi. Questa tendenza è in atto già da diversi anni, e non è solo italiana ma europea. Rispecchia, a livello giovanile, ciò che avviene nell'Europa di oggi, ricca, pacifica e senza più l'angoscia della guerra fredda. I grandi conflitti ideologici si sono spenti. È entrato in crisi il marxismo. Anche il fermento religioso che lo contrastava si è indebolito. Pensiamo alla Polonia. Dieci anni fa la fede cattolica infiammava i cuori di Solidarnosc. Oggi la gente si preoccupa della disoccupazione, cerca di arricchirsi e critica la Chiesa che non vuole divorzio e aborto. L'età eroica ha lasciato il posto ad una età prosaica. I nuovi movimenti non sono universalistici ma particolaristici. Quelli antichi tendevano a unificare popoli e razze diverse, a creare uguaglianza. Questi tendono a dividere, a conservare le specificità, a tutelare gli interessi particolari».

L'Italia è ormai il paese dei figli unici, con record negativo di nascite in Occidente. Stiamo per diventare il popolo più vecchio. Segno che manca la voglia di futuro?

Il cielo rubato

Le donne italiane non rifiuterebbero la maternità, ma la famiglia numerosa. Modello conclamato e seguito: padre, madre e figlio unico. È dall'inizio degli Anni Sessanta che si va martellando sull'opinione pubblica, premendo questo tasto. I risultati si vedono. Al massimo le famiglie arrivano a due figli, il terzo è quasi inesistente. Le cifre: un milione di nascite per sedici milioni di famiglie a metà Anni Sessanta; 567 mila nuovi nati per venti milioni di famiglie nel 1989. Il timore è che si scenda sotto quota 500 mila nascite annue in tempi corti, giungendo a 200 mila nel primo decennio del nuovo secolo.

Già oggi – indica una ricerca del Centro internazionale Studi Famiglia – in molte nazioni del mondo industriale gli adulti fra i venti e i 64 anni si ritrovano a carico un numero maggiore di genitori che di figli sotto i vent'anni. Con gli attuali livelli, negli Stati Uniti una coppia di quarantenni avrà in media – nel 2010 – 2, 88 genitori viventi e 1, 78 figli. In Italia andrà addirittura peggio. Indiziato numero uno è l'egoismo dei neogenitori, ma prima ancora, nel processo alle colpe, dovrebbe essere posta tutta la società, con il suo sistema, le sue scelte politiche.

«Manca il senso della famiglia come soggetto sociale – sottolinea Giuseppe De Rita, direttore Cnel –: i diritti vengono riconosciuti solo agli individui».

In Gran Bretagna, un sondaggio ha rivelato che l'80 per cento della gente è convinta che le coppie si arrendano troppo facilmente alle difficoltà quotidiane. Un matrimonio su tre finisce in un divorzio (stessa media che in Svizzera) e un figlio su quattro è illegittimo. Il disfacimento della famiglia si ripercuote sulla sicurezza affettiva e materiale di migliaia di bambini. È stato calcolato che scompaiono centomila ragazzi all'anno, fra i

14 e i 18 anni, con un aumento di 24 mila dal 1987 al 1990. I più sono rintracciati dopo odissee.

«Il primo fattore di rischio per i giovani d'oggi sono la società e la famiglia e subito dopo la scuola, che non aiuta i più deboli, i più poveri riguardo all'apprendimento, ma molte volte si limita a seguire i più bravi, quelli che danno meno grane. Meno insegnanti e più maestri di vita», è l'esortazione di Oreste Benzi dell'Associazione Giovanni XXIII.

E Luciano Corradini, docente di pedagogia familiare alla terza Università di Roma aggiunge: «Ci sono delle condizioni generali della nostra cultura, che rendono difficile ai ragazzi un processo di formazione che comprenda tutti gli aspetti della realtà. Ma anche condizioni particolari, che si sviluppano all'interno di alcune famiglie, che arrivano a bloccare la speranza, la fiducia, l'orientamento al futuro e in cui manca quella comunicazione serena e sincera che rappresenta l'aspirazione dei ragazzi. La maggior parte dei preadolescenti ritiene sempre che la famiglia sia il luogo fondamentale per la crescita ma questa deve porsi nella giusta posizione, evitando di essere troppo protettiva, impedendo così una autonoma formazione, o troppo distante, concedendo quella libertà d'azione che disorienta».

Dal canto suo Ermanno Mazza, docente di pedagogia all'Università di Parma, fa osservare che «i ragazzi sono in grado di testimoniare sensibilità, pensieri e disagi vissuti, ma non riescono a denunciare con chiarezza quale cielo è stato loro rubato. Questo compito spetta soprattutto a noi adulti. Come spetta a noi tentare di individuare quali strade siano percorribili per ricostruirlo o restituirlo».

Una ricerca del Centro studi sulla famiglia dell'Università Cattolica di Milano fornisce alcuni elementi di lettura su difficoltà, disagi, drammi all'interno della coppia, della famiglia e quindi della società. Sono stati considerati 160 nuclei «maltrattanti». Il 28% dei padri ha precedenti penali a carico e quasi la metà aggiunge comportamenti socialmente devianti. Il 18% dei padri e il 16% delle madri soffrono di malattie psichiche. Il 18% dei padri dipende dal bicchiere e il 16% è analfabeta (11% le madri, fra le quali il 9% si prostituisce). Si aggiunga che il 3% dei padri e il 2% delle madri sono uncinati dalla droga.

La classifica dei maltrattamenti vede al primo posto quelli fisici (50%), seguiti a ruota dalla trascuratezza (49,8%), dalle coercizioni di tipo psicologico (29%) e dagli abusi sessuali (6%). È un fatto che le percosse si sentono e si vedono, a differenza di molte altre mancanze, vessazioni che restano al chiuso delle pareti e delle sensibilità dei singoli. I maltrattamenti psicologici, però, sono imponderabili nelle conseguenze sullo sviluppo e spesso possono essere più gravi delle stesse botte.

Altri dati sull'infanzia, al terminale di Telefono Azzurro. Le denunce degli adulti parlano per il 39% dei casi di violenza fisica, per il 37% di violenza psicologica, per il 18% di trascuratezza e per il 6% di violenze sessuali. I bambini e gli adolescenti, invece, lamentano nel 49% dei casi difficoltà con i genitori, nel 25% solitudine, nel 17% difficoltà con i coetanei. È una pellicola con storie di ordinaria tragedia quotidiana, purtroppo.

Negli Stati Uniti il pianeta delle sevizie e dei maltrattamenti conosce 4 mila morti all'anno. Nel 1990 si sono registrati negli USA 200 mila casi di violenze sessuali ai minori e un bambino su 5 vive in stato di povertà. Sempre in America, a casa i genitori incrementano le assenze e i ragazzi «trovano nella strada attività e attrazioni più coinvolgenti». Il disagio intensifica le fughe da casa. Non solo, ma il 33% dei ragazzi che fuggono dai genitori, se ne vanno portandosi via il portafoglio di famiglia, il 15% rubando e poi trafficando oggetti per il valore di 50 o più dollari e il 20% si mette nel giro della droga. Come se non bastasse il 71% ha confessato di essere stato incoraggiato da altri ragazzi a compiere altri reati. Una catena che conoscerà tanti altri anelli di delinquenza.

Baby con la pistola

La giornalista Dianna Marder, del «Philadelphia Inquirer», ha cercato di capire da quali abissi sociali, da quali baratri culturali, da quali inferni familiari sono usciti negli USA i ragazzi dal grilletto facile che mandano all'altro mondo circa cinquemila persone l'anno, il che significa poco meno di un quarto dei 22 mila omicidi commessi negli Stati Uniti.

Gaetano Scardocchia («La Stampa») ha riferito della fatica di questa inviata sul fronte della criminalità, direttamente in trincea, scavalcando psicologi e sociologi. La Marder si è addentrata nei dossier giudiziari di 57 adolescenti, condannati per omicidio a Filadelfia negli ultimi tre anni. Ne ha selezionati 18 e li ha intervistati in carcere. Confessioni e letture da brivido.

Dice Scardocchia che queste interviste si somigliano tutte: *baby* con la pistola, che uccidono con indifferenza, senza badare troppo a quel che fanno. Il governatore di New York, Mario Cuomo ha tracciato un quadro che fa rabbrividire: molti ragazzi americani possiedono un'arma da fuoco prima ancora di aver mai letto o guardato un libro. L'onnipresenza delle armi rende potenzialmente funesto ogni conflitto, anche quelli di poco conto che, in altre epoche e circostanze, si sarebbero scaricati a livelli di violenza non mortale. Non ci sono più risse e scazzottature nelle città americane. Ci sono soltanto sparatorie... La vita ha perduto ogni valore agli occhi di questi giovani. La vita degli altri come anche la propria. Uccidere non è più un tabù. È un atto banale, in risposta a gesti e motivazioni altrettanto banali. Si uccide per rubare un paio di scarpette o per vendicarsi di uno sguardo giudicato insolente. Questi adolescenti sono sempre poveri e quasi sempre neri. Senza voler necessariamente concedere un'attenuante sociologica ai criminali poveri e neri, non si può tuttavia ignorare il retroterra dal quale vengono sia gli aggressori che le vittime. Vengono e sono segnati da uno stesso mondo, che è un mondo carico di violenza e povero di speranze.

Chi non ha futuro vive solo nell'oggi e cerca una gratificazione istantanea: e allora anche un paio di scarpette, anche dieci dollari valgono la vita o la morte.

Altri sintomi della «febbre verde» americana. Negli USA, tra i 15 e i 19 anni, i decessi per colpo d'arma da fuoco superano quelli attribuibili ad altre cause. E per un ragazzo di colore, le probabilità di morire in episodi di violenza sono undici volte superiori a quelle di un adolescente bianco. La pistola è l'arma più impugnata: è stata impiegata nell'88% dei casi rispetto alla media degli anni precedenti. Tra il 1984 e il 1988, il numero delle vittime per morte violenta è salito addirittura del 40% rispetto alla media degli anni precedenti. Altre cifre per mettere a fuoco la realtà, riferita al 1988: 1.641 ragazzi assassinati tra i 15 e i 19 anni – (1.053 di colore, 550 bianchi, 138 le ragazze). I suicidi sono giunti a quota 3.226 morti, con una maggioranza dei maschi bianchi (1.634 contro 1.118; 273 le donne bianche e 116 quelle di colore).

I «*border line*», ragazzi sul filo, sarebbero in Europa qualcosa come 140 milioni. Una grande nazione di soggetti in bilico, nel limbo del Codice.

In Italia i giovani che vivono in situazioni di disagio e di difficoltà, «gli amici che fanno fatica», come li chiama don Luigi Ciotti del Gruppo Abele di Torino, sono quantificati in un milione, pari al 21% dell'intera popolazione minorile. Centomila hanno disertato la scuola dell'obbligo. E il 70% di coloro che entrano in uno dei 22 istituti penali italiani per i minori sono analfabeti, il 50% disoccupati o non occupati.

L'escalation delle denunce è impressionante. Dalle 19.728 del 1986 si è passati alle 29.114 del 1989, alle 39.734 del 1990, alle 44.977 del 1991, fin verso il tetto delle cinquantamila nel 1992. Un'espansione che supera il 200% con l'aggravante che si è in presenza di un salto di qualità nella tipologia dei reati, in conseguenza del quale si tende anche a trascurare – a mano a mano che si sale sulla scala – le bagatelle, che prima venivano colpite.

I ragazzi sotto i 14 anni denunciati nel 1991, sono stati 9.191, contro gli 8.348 del 1990 e i 5.398 del 1989. Secondo i dati del rapporto del ministero di Grazia e Giustizia al Parlamento, si sono contati 56 omicidi (contro i 41 del '90), 1.386 rapine (1.239 nel '90), 257 estorsioni (215 nel '90) e 2.355 lesioni (2.108).

Federico Palomba, direttore generale della Giustizia minorile non si stanca di ripetere che è indispensabile incrementare i servizi preventivi, «settore nel quale siamo completamente assenti. Praticamente all'anno zero. Non esistono luoghi di aggregazione, le periferie muoiono nel disagio e nell'abbandono. Le famiglie si trovano di fronte ad una competizione negativa: laddove non c'è legalità, i punti di riferimento diventano gli "uomini d'onore"... È ora che i comuni pensino e realizzino strutture per i giovani. Non si può continuare con la politica della delega: tutto il disagio giovanile buttato addosso alla giustizia. È nella famiglia, nel territorio e nella società che si recuperano i ragazzi. Tenerli chiusi dietro le sbarre, spesso, non risolve nulla».

L'adolescenza negata

Il ragazzo è entrato ormai a tutti gli effetti nel «circuito di produzione criminale come elemento pronto, affidabile e non punibile». Destano preoccupazione i problemi relativi al consumo e spaccio di sostanze stupefacenti. I dati rivelano che l'utenza si è allargata, abbracciando fasce di età sempre più basse. La percentuale di assuntori di droga, tra i minori entrati nei centri di prima accoglienza, è stata del 17,8% nel primo semestre del 1992, contro il 15% dello stesso periodo del 1991, con netta prevalenza di ragazze.

Qualcuno ha scritto che l'adolescenza è l'età negata. Ossia è il momento della vita in cui il ragazzo esce dalla «soggezione e protezione della famiglia e dell'ambiente», vuole sperimentare la sua capacità di essere «adulto», indipendente. Antonio Riboldi, vescovo di Acerra, ammonisce che questo è il tempo delle «prime scelte», delle «prime esperienze che rifiutano consigli che appaiono come una violenza alla propria voglia di libertà. Un tempo che conosce il vuoto di "amicizie sicure" e quelle delle famiglie o degli adulti. E per non essere soli ci si affida ai compagni della stessa età, pronti a condividere le stesse esperienze; non importa quali siano... È difficile immaginare cosa passi nella mente o nel cuore di un ragazzo che spiana una rivoltella verso un adulto per estorsione. È difficile immaginare anche cosa passa nel loro cuore mentre impugnano un'arma che uccide. Troppo piccoli per avere tutta intera la malizia di un adulto o tutta la carica di odio che solo il tempo crea nelle coscienze, come una dura scorza che impedisce lo sbocciare dei nobili sentimenti che rendono l'uomo quello che è, figlio della verità, che è la sua somiglianza con Dio».

Riboldi, occupandosi poi delle «bande criminali di adolescenti», traccia la progressione che interpella tutti: siamo di fronte non più a pittoreschi *scugnizzi* né a pietosi *muschilli* usati per vendere droga; e neppure a immaturi contrabbandieri di tutto, in proprio o usati da adulti. No: «ma veri criminali che fanno paura. Li abbiamo incontrati tutti questi adolescenti nei posti più disparati, pronti ad un servizio per un minimo di guadagno. Ad uno di loro chiesi un giorno: "Come va la vita?". "È uno schifo totale", fu la secca risposta. Ed aveva 14 anni. Altro che età di sogni e di progetti di futuro. Ma noi dove eravamo?».

Da un servizio di Liliana Madeo («La Stampa») sui bambini arruolati dalla camorra: «Il banco di Lello, fra la porta e la finestra in un'aula di seconda, è rimasto vuoto. L'anno scorso Lello diceva: "Solo i piccoli e i cretini perdono tempo sui libri. Io vado con i boss". Aveva scoperto che si guadagnavano 50 mila lire solo a portare una bustina piccola così da un posto all'altro. Si diceva che spacciava eroina. Ma intanto continuava a venire a scuola quando voleva. "Studiare non mi piace e, poi, tanto non diventerò mai bravo, non mi servirà a niente il pezzo di carta", era la sua filosofia. Gli piaceva però il rapporto coi compagni e le insegnanti, far parte di quella piccola comunità. Una volta era stato sospeso per cinque giorni, perché aveva chiamato troia una professoressa. E in quei giorni, alla fine delle lezioni, tornava sempre: per sapere che cosa gli altri avevano fatto, che cosa era successo in classe, se c'era stata una partita a pallone. Fra i ragazzini della scuola si sentiva grande, un piccolo *boss* che sapeva farsi rispettare. In principio dava spintoni, botte, sputi, alzava la voce, con le mani leste faceva uscire di classe chi diceva lui. Poi aveva imparato a forza di sospensioni – che quei sistemi lì dentro non si potevano usare e aveva affinato i metodi della prepotenza in cui era cresciuto e che erano tutta la sua cultura.

La sua carriera scolastica è finita in seconda media, a

14 anni, quando la preside non aveva più la possibilità di farlo cercare dai carabinieri o dal servizio sociale del Tribunale dei minori per evasione dell'obbligo della scuola. Lello è sempre lì, a Gragnano, un centro ad alta densità camorristica a una trentina di chilometri da Napoli, a ridosso di Castellamare di Stabia. Adesso ha l'orecchino d'oro e la motoretta. Passa molte ore al bar, in compagnia di ragazzi più grandi di lui. È impomatato, con i giubbetti firmati. Forse ha incominciato la sua carriera di piccolo malavitoso. E questo lo fa sentire adulto: i grandi lo riconoscono per quello che effettivamente è, un ragazzo capace e intelligente, mentre per la scuola era soltanto un ragazzetto un po' discolo, disubbidiente, fastidioso; e in famiglia è finalmente rispettato come uno di loro, uno che sa farsi valere. La madre una volta si era precipitata a scuola per insultare la preside, che aveva avuto l'insolenza di sospendere suo figlio, e l'aveva accusata di non fare il suo dovere... Spiega la preside: "Per i ragazzi che crescono in questa realtà malavitosa, la scelta da fare è fra i messaggi che gli vengono dalle famiglie, dal loro ambiente, e i messaggi che noi mandiamo con tutta la buona volontà possibile e tutti i nostri limiti. Spesso li vediamo confusi, sbandati. Quando vengono qui, non è detto che i giochi per loro siano già fatti. Possiamo anche farcela noi. A volte, qualche volta, ce la facciamo, ma la malavita offre tutto e subito, le scorciatoie per avere senza sforzo l'orecchino d'oro, la motoretta, il rispetto dei boss. Chi non ha questa fretta e accetta di *perdere tempo* – quello che richiedono il lavoro, la riflessione, la ricerca – è recuperabile. La scommessa è aperta"».

Patrizia Pesenti, giovane magistrato dei minorenni a Lugano: «Il carcere minorile non rappresenta nessun tipo di alternativa e men che meno vale come estrema possibilità per ricostruire la fragile personalità dei ragazzi che sbagliano.

Nessuno più, in Occidente, può giustificare la presenza di un carcere minorile come luogo dove si costruisce la personalità del ragazzo. La nostra magistratura, invece di usare il carcere minorile come sanzione penale, ha sempre cercato di intervenire in modo educativo nel vero senso della parola, eliminando quel tipo di misure che educative non sono.

Tutti i collocamenti in istituto e specialmente le carcerazioni, comprese evidentemente tutte le misure privative della libertà personale, le abbiamo messe in secondo piano, proprio perché siamo del parere che non servono a nulla».

Ma una condanna serve, come, quando e in che misura? Sempre la Pesenti: «Serve se in età adolescenziale, per frenare una carriera delinquenziale già considerevole.

La marginalità, il vivere realtà di frustrazioni continue sotto il profilo familiare, professionale ed ambientale, vengono alimentati ed anche aggravati dal carcere, che non aiuta a trovare una collocazione lavorativa ed a mantenere i rapporti affettivi. Per queste ragioni operiamo con interventi e misure che possano eliminare o comunque abbassare sempre più il fattore delinquenziale.

È un lavoro sicuramente arduo, questo degli educatori: parte da un'esperienza che nei paesi anglosassoni sta dando ottimi risultati.

Cerchiamo di non rassegnarci facilmente di fronte a situazioni che appaiono molto gravi, lavorando in modo sistematico, privilegiando quelle sanzioni che hanno un carattere rieducativo, rispetto alle sanzioni privative della libertà».

Qualcosa si è guastato

Su quali radici intervenire per rimuovere le cause all'origine di tante cadute giovanili? Francesco Mazza Galanti, giudice al Tribunale per i minorenni di Genova: «È arduo pretendere di modificare il modo di vita, le aspettative e i modelli di comportamento di giovani di età compresa tra i 15 e i 17 anni, quando in precedenza, pur trovandosi essi in condizioni a rischio, nessun intervento è stato effettuato... Il problema vero non è di rieducare, quanto di educare. Di dare cioè a questi ragazzi una educazione che mai hanno avuto».

Parlando del brutto spettacolo di *baby-killer* in tivù, Sergio Zavoli, condividendo la diagnosi che «non si può tornare indietro dalla tivù, ma si può, si deve usare la tivù per andare avanti», ha citato le conclusioni di un congresso internazionale di criminologia, tenutosi a Bologna, dove è emerso che «il nostro modo di pensare e di vivere sta facendo crescere ovunque la violenza; e poiché essa viene in gran parte dai giovani, c'è da credere che durerà. Mentre le violenze naturali si sono fatte sempre più prevedibili, quelle scatenate dall'uomo lo saranno sempre meno». E Jacques Leauté, direttore dell'Istituto parigino di criminologia: «I delitti dei giovani sono quasi tutti per incitamento, cioè suscitati dall'aggressività prodotta ogni giorno dai modelli violenti della società adulta. Come spiegare a un delinquente alle prime armi perché chi ruba un'auto va in prigione e chi invece specula su quattromila appartamenti finisce all'Assemblea Nazionale?».

Zavoli fa riferimento al Centro di studi speciali di Vaucresson: «Qualcosa è andato via via guastandosi nell'animo dei giovani, quando un nuovo modo degli adulti di sentire la vita ha distrutto il contratto sociale, facendo saltare il circuito dei valori». Erich Fromm è poi d'obbligo: «L'amore non è soltanto una relazione con una particolare persona; è un orientamento del carattere che determina i rapporti di una persona col mondo. Se una persona ama solo un'altra persona, ed è indifferente nei confronti di tutti gli altri, il suo non è amore».

Difendere la vita contro la cultura della morte, predicare senza paura e vergogna il messaggio liberatore del Vangelo fino agli estremi confini della terra, far sì che si trasformino le strutture della società e si crei un mondo di autentica giustizia ed amore: è la consegna lasciata da Papa Giovanni Paolo II ai giovani riuniti a Denver per l'ottava Giornata mondiale. Questo ventesimo secolo – è stato il richiamo forte di Papa Wojtyla – ha visto la cultura della morte e della violenza assumere come mai prima forme sociali ed istituzionali di legalità. Tutto per giustificare crimini orrendi: il genocidio, soluzioni finali, pulizia etnica, aborto, eutanasia. In una cultura, come quella dominante, in cui mancano riferimenti ad una legge divina, le scelte finiscono per essere individuali ed utilitaristiche. Ed è soprattutto la famiglia che viene attaccata, con la negazione del carattere sacro della vita. Ne pagano le conseguenze i non nati, i bambini, gli ammalati, gli handicappati, gli anziani, i poveri, gli immigrati e i rifugiati. Il sud del mondo. È una sfida difficile, la lotta sarà lunga, ma l'esito per il Papa è scontato: «La vita è più potente della morte».

Miscellanea realizzata con testimonianze e interviste raccolte direttamente dagli autori e/o sulla base di statistiche, citazioni e rielaborazioni di articoli e inchieste. Fonti: «Avvenire», «Corriere della Sera», «il Giornale», «Il Giorno», «la Repubblica», «La Stampa», «l'Unità», «Le Monde» (quotidiani); «Donna Moderna», «Epoca» (riviste).

II.
E NOI CHE FIGLI SIAMO?

Lettera ad un bambino che sta per nascere

Dai sussulti e da alcuni spasmi, credo che sia in arrivo... la mia nascita. A dirti il vero, mamma, un po' di paura ce l'ho da qualche giorno. Meglio, dal giorno in cui ti hanno portato in questo luogo chiamato clinica. Ti dico subito, non mi piace. Se nascerà un fratellino, non recarti più in questa desolata località, puoi accettare di essere chiamata con un numero? Sei la signora 95! Può una mamma diventare un numero?

A casa tua, ero già a casa mia. Sapevo tutto. Qui non so e non voglio sapere. A casa conoscevo il seggiolone sul quale ti dondolavi, il lettone sul quale ti riposavi o dormivi. Ti sentivo dormire... e io vegliavo dentro di te. Ero il tuo angioletto. Quel lettone, è la prima cosa che voglio provare, appena uscito. Conoscevo la stradina, con il fondo sconnesso, che percorrevi molte volte al giorno, come ginnastica, appoggiando le mani sulla panciona.

Le tue mani le conosco millimetro per millimetro: il mignolo, piccolino e curioso, più distaccato degli altri e sempre alla ricerca della mia testina; il pollice, ditone grosso e possessivo, con l'unghia lunga. Le tue mani mi inteneriscono: me le sento già sul viso e sul sederino. Sprigionano la mia felicità. Annusavo golosamente, non so come, gli odorini di cucina. So, già, che ti piacciono gli spaghetti aglio, olio e peperoncino, che adori la pizza alle melanzane, le spremute; che sei divoratrice di coppe-gelato.

Quando potrò te li ruberò dal frigo, i gelatoni. Qui dentro fa caldo... pensa te, quanto sarebbero opportuni!

Dei tuoi discorsi, sai che ti dico?, alcuni mi piacciono tanto, ma altri erano barbosi e antipatici quanto mai.

Perché facevate, con la nonna e con le amiche, tutte quelle supposizioni? Assomiglierà a me, a papà, alla zia? La nonna, sempre quella, per ore faceva pronostici sui miei occhi, sulle mie labbra, sui miei riccioli. Cosa interessa alla nonna, se i miei occhi saranno verdi come i suoi o neri come quelli del nonno?

Ricordati, mamma, che io sono mio.

Non offenderti, non voglio recarti il minimo dispiacere. Ti prego, non fare di me un idoletto; un soprammobile di lusso; il prodotto della tua carne e del tuo sangue. Sono qualcosa di sconfinatamente nuovo, che entra nel mondo per cercare tutto ciò che è bello, buono, vero.

Non posso scimmiottare nessuno. L'avvenimento vita esige che ci amiamo, non che ci catturiamo l'un l'altro. È vero, sono piccolissimo, ma per Dio sono un uomo intero completo. E Dio conta tanto anche per te.

Dici sempre che siamo il Suo progetto.

Mamma, voglio adorarti ed essere adorato infinitamente, ma voglio che mi pensi da subito come un uomo libero, che ha bisogno di piangere, ridere, sbagliare, godere, soffrire, sperare, credere, insieme con te e con il papà. Insieme, uno vicino all'altro, non uno sopra l'altro, dolcemente insieme.

Ti prego, non comperare tanti giocattoli. So che mi aspetta il gattone... Sai che lo sentivo, a casa, arrivare con il suo passo felpato, sdraiarsi sotto la sedia o ai piedi del tavolo. Quel micione vale più di tutti i giocattoli del mondo.

Non te l'aspettavi, vero? Eppure conosco bene tre cose: Tom il micione filosofo; il pianoforte di papà. Mi piace da morire la musica.

Di' a papà che la sera ci deve addormentare al suono del pianoforte. Dovrai spiegarmi una curiosità, o forse, è meglio se la vedrò con i miei occhi. Cosa c'entra la coda di Tom con il pianoforte?

La terza cosa che conosco bene, ti sbalordirà ancora di più. Conosco alcune tue preghiere. Le prime volte, ero piccolo – piccolo, quando parlavi da sola, non riuscivo a capacitarmi, perché. Da una settimana ho quasi... inquadrato tutto il Padre nostro. Un bambino, come me, ha bisogno di un grande padre, più grande di papà. Anzi, papà deve stare dentro la pancia di questo grande Padre, come io sto dentro alla tua. Me lo immagino il grande Padre, delle tue preghiere: ama tutti, sa tutto di tutti, perdona e vede dentro al mio nido oscuro. La frase finale, in questi giorni, mi dà tanta tranquillità. So che tu hai pregato il grande Padre perché «mi liberi dal male».

Ho un po' di paura... della vita che sto incontrando. Voglio il bene e ho già tanta paura del male.

Sai perché? Mi hai avvelenato, per nove interi mesi, con quel «bussolotto» che tu chiami televisione. Quando nascerò, mi prometti che lo butterai. Ho visto attraverso i tuoi occhi, troppe cose brutte, il tuo cuore batteva forte, ma tu stavi lì a vederle. Perché ti sei portata in casa quella disgrazia? Spaccalo, ascolta il tuo bambino non ancora nato e già spaventato. Sento le doglie o sbaglio? Mamma non so se godermi o... mi sento inondato...

Il tuo cuore scoppia, la mia testa è compressa dentro...

Muoio o nasco? ... Oddio sono già arrivato.

Piango perché non voglio le manacce dell'uomo bianco, voglio sentire subito le tue mani, il tuo abbraccio. Ho corso un grande rischio. Coccolami, mamma.

Di che famiglia sei?

Ci sono vari tipi di famiglia. Si possono desumere dai modelli educativi che tali famiglie sviluppano. Tento in modo artigianale di ancorare alcuni tipi di famiglia a figure.

Con la maglietta della salute

La famiglia i cui figli hanno la maglietta della salute. La maglietta della salute, veniva chiamata così dai nostri nonni, e corrisponde alla nostra canottiera. Raffiguro sotto questo tipo di famiglia, quella di sempre, a cui io sono attaccato in modo particolare. Famiglia nella quale la madre è casalinga o lavora poche ore dedicandosi ad attività di volontariato. Casa sempre fresca di pulito, con il frigo fornito, la lavatrice puntualmente piena e con il ferro da stiro che altrettanto puntualmente si posa sulla biancheria perché venga portata nel cassetto giusto. L'ospitalità è sempre gradita, anzi sacra. L'affiatamento tra i membri di solito è buono. È la famiglia nella quale siamo nati noi adulti. Al mattino quando i figli si svegliano trovano già sul tavolo della cameretta o sulla sedia, i pantaloni o la gonna, la camicia, il maglione, la giacca, le calze e l'immancabile maglietta della salute. La mamma non contenta, quando i figli scendono per la colazione controlla se c'è la maglietta altrimenti... la solita domanda: «Miki perché non ti sei messo la maglietta? Andrea vai a mettere la maglietta... Ascoltami, con questo tempo non puoi andare a scuola solo con la felpa di cotone!».

Il pranzo e la cena sono pronti al tempo giusto, espressi.

Catalogo queste famiglie tra le fortunate. E vorrei incitare tutti i genitori a ripensare la loro gestione familiare. Non torniamo all'iperprotezione, torniamo a creare quel senso d'appartenenza tra i membri, senza il quale emergeranno in tutti, figli e genitori compresi, gravi squilibri nel carattere.

Scarpe da tennis

Il secondo tipo di famiglia: quella con i figli «con le scarpe da tennis».

Sotto questa figura vorrei porre quel tipo di famiglia con la madre e il padre che lavorano. Il figlio con le scarpe da tennis a me richiama una casa bella, ma un po' disordinata: la tavola non sparecchiata, i letti sfatti, gli attaccapanni pieni di abiti, qualche gatto sornione che bivacca sui divani.

Famiglia sportiva e che abbisogna di una donna di servizio per ritrovare un po' di ordine. Ci si alza all'ultimo momento perché all'ultimo momento si è andati a letto. Il sindacato, il quartiere, la parrocchia, la scuola, la palestra, sono gli impegni che fanno rincasare tardi. La fretta sembra essere la virtù più esercitata. Se c'è qualcosa nel frigo si mangia. Ognuno si arrangia. Un po' fragile, molto più attenta alle cose che cambiano e non cambieranno. Più fatta per contenere della gente che per farla crescere insieme.

Il pericolo di queste famiglie sta in questo: nessuno è sicuro fino in fondo di appartenersi e di appartenere all'altro. Perché sono la conseguenza delle teorie degli ultimi vent'anni: ognuno per sé e Dio per tutti (detta banalmente). In questa teoria, la libertà è collocata non come strumento di liberazione interiore, ma esteriore. E le liberazioni esteriori, senza quelle interiori hanno sempre provocato, a lungo termine, devastazioni. Il disagio giovanile di cui ho già parlato e ancora parlerò è frutto di questa filosofia. Non fermatevi quindi alle scarpe da tennis. Mi è servita questa immagine per legare la vostra fantasia. Per me la famiglia del domani deve riuscire a far sintesi tra i modelli «della maglietta della salute» e questo.

Termino con un altro esempio: ci sono due tipi di piante, quelle naturali e quelle artificiali, quelle nate in serra e quelle nate all'aperto. Io sono per le piante naturali e nate all'aperto. Al limite per le piante naturali nate in serra. Non per le altre. I tipi di famiglia di cui ho parlato assomigliano troppo a quelle artificiali... vorrei sbagliarmi!

La famiglia del «Figlio prodigo»

Il terzo tipo di famiglia: quella del Figlio prodigo. È la famiglia che non esiste, dove c'è un figlio che si è perduto, un padre o una madre divisi. Sono figli di famiglie interrotte. Qui la casa non esiste o se esiste è tenuta in piedi dalla disgrazia o dalla divisione. Quasi sempre, in questa situazione o il papà o la mamma sono le persone che soffrono di più, su cui si concentrano tutti gli strali di questo dolore senza confine e senza speranza. Famiglie che si consumano per un amore che assomiglia più ad un dolore amoroso o ad un amore «imprigionato». Non accuso queste famiglie. Sono le famiglie che amo di più perché le ho scelte come mio «lavoro» o meglio il Signore mi ha chiamato per queste... Potrei raccontare dolori infiniti, che l'oceano non conterrebbe. Mi soffermo solo ad elencare le famiglie dove c'è un figlio drogato, in carcere, fuggito di casa, i genitori già separati con o senza figlio. Uomini che per motivi molto futili non lavorano o perdono il lavoro, donne superficiali.

Non catalogo tra queste famiglie quelle che hanno handicappati o malati gravi o che sono rimaste drammaticamente toccate dal dolore. Non le ho dimenticate, ne parlerò altrove. Le famiglie con un solo genitore sono 1 milione e 300 mila, nella maggioranza dei casi il capofamiglia è la madre, ma stanno aumentando i ragazzi padri, anche giovani. In queste famiglie può succedere di tutto, anche che il figlio possa salvare il genitore.

Genitori da sballo

Mi soffermo su quattro tipi di genitori. I genitori quercia, i genitori olivo, i genitori informatici, i genitori cicala. Non arrabbiatevi se mi ricollego a figure, sempre per comune utilità.

Il genitore quercia

Saggio, pare sia sempre stato adulto, non si scuote davanti alle prove, non impazzisce davanti alle cose riuscite. Per lui la pagella del figlio è uno dei tanti documenti che legge con attenzione, sul quale dice qualcosa subito, ma non più di tanto. Troverà momenti diversi per parlarne. Poche parole, molti fatti. Sereno e a suo modo iperprotettivo. Fa tanta ombra, una calda ombra. Sa che questo suo modo di fare crea sicurezza in casa. È baluardo e parafulmine. L'ultima parola è sua. Tiene molto all'unità familiare: radicato dentro ai fatti, vive la sua fede e la sua quotidianità con un po' troppa... sicurezza. Ma chi non ha difetti? L'orario è sacro. La cena con tutti. Il sabato e la domenica per la famiglia. La messa se è credente. Altre liturgie se non lo è.

C'è una fotografia di questo tipo nel Siracide, intitolata: Dieci situazioni felici.

«Ci sono nove situazioni di vita che ritengo felici, anzi ne devo aggiungere una decima: felice chi è contento dei suoi figli e chi durante la vita vede sconfitti i suoi nemici; felice l'uomo che vive accanto ad una moglie intelligente; chi non è mai stato tradito dalla sua lingua e chi non ha dovuto seguire un padrone indegno, felice chi ha buon senso e chi parla a persone ben disposte. Come è grande chi è arrivato alla sapienza! Nessuno però è più grande di chi onora il Signore» (Sir 25, 7.10).

Fortunati i figli che hanno siffatti genitori. Hanno punto di riferimento, testimoni di vita.

Il genitore ulivo

Albero stupendo, ma non lineare, scarnificato, contorto, spesso una mano ossuta aperta verso il cielo. Introverso, problematico, artista, intelligente, molto intelligente, talvolta troppo. Albero che protegge poco. Che non ha frutti dolci, ma quando va bene li fa piccoli e buoni, necessari. Persona che sa molto soffrire, in eterna ricerca; mi ricorda un po' certi genitori difficili, quasi caratteriali, che a loro modo amano molto i loro figli, ma causa il loro carattere spesso li lasciano troppo esposti alle intemperie. Penso, ad esempio, agli ex sessantottini, o a quei cattolici sempre... avanti che sembrano contenti solo quando e perché sono scomodi... In cerca dell'impossibile, del tutto giusto! Sono fragilissimi. Se riescono a stare insieme, sono famiglie molto belle.

«Non voglio che papà e mamma mi lascino... ma penso che loro mi dicono di volermi bene, ma non me lo fanno vedere per niente» *(Francesco, 5 anni).*

Questi genitori assomigliano un po' all'uomo della

Bibbia che lotta tutta la notte con l'Angelo, con l'Angelicità. Tagore li descrive così: «Il Creatore mi lasciò incompleto tra esterno ed interno, tra passato e presente, intelletto e sentimento, desiderio e abilità, non c'è armonia... in me».

E tu che genitore sei? Di questo tipo? Hai grandi doti, non rovinarle. I sogni servono. Non lasciarti sedurre dall'ottimo.

Ricordati che il bene è fatto di piccoli passi, di piccoli sbagli.

I genitori informatici

Sono i rampanti. Quelli che post-pongono tutto al lavoro, alla carriera. Ci sono molti casi di questo genere, soprattutto tra i quadri intermedi delle città industrializzate del nord. Non necessariamente sono professionisti rinomati, tale mentalità esiste anche tra gli operai che riprendono a studiare fino a notte fonda, a peones di politici che arrancano sfrontatamente... sono uomini e donne, giovani e meno giovani. La febbre del «quadro», del dirigente, del piccolo padrone è infettiva: il lavoro, la sauna, l'equitazione, la barca, il golf, l'inglese, le cene di lavoro, il teatro... un turbillon di cose...

La moglie e il marito e i figli divengono soprammobili. Riempiono la casa di cose. Spesse volte la coppia naufraga, sia perché le avventure sono presenti con frequenza, sia perché questo ambiente spesso è impermeabile a certi valori. Da qualche tempo in qua anche tra questi professionisti è ritornato un contegno meno da personaggi.

I figli quasi sempre soffrono queste assenze e queste presenze-assenze. Infatti le notizie che arrivano da altri stati ci dicono che queste sono le famiglie che più producono disadattamento. Non colpevolizzo. La nostra società esige sempre di più persone di questo tipo. Ciò non significa che la famiglia debba soffrire per questo.

Il lavoro, la professione non nutrono, ma gonfiano! Alimentarsi di carriera non è degno di una persona! Qualche settimana fa un ennesimo sondaggio fatto tra i bambini, rilevava tanti incubi: «Io di giocattoli ne ho fin troppi, non so più dove metterli, per questo preferisco le carezzine della mamma, dato che lei non me le dà mai» *(Fabrizio, 5 anni)*.

«Vorrei tanti baci, troppi, troppi, troppi. Perché mi piacciono e me ne danno pochi» *(Mario, 4 anni)*.

«Papà e mamma dovrebbero lavorare di meno e stare di più a casa con me, a giocare» *(Umberto, 8 anni)*.

Un governante di provincia andò a casa del Califfo Omar e lo trovò disteso per terra con i suoi bambini che giocavano ad arrampicarsi sul suo corpo. Ne restò male impressionato e Omar gli domandò: «Come ti comporti in famiglia?».

«Quando entro io, chi parla tace».

«Allora dai le dimissioni: tu che non hai dolcezza per la tua famiglia e i tuoi figli, come ne avresti per la nazione del Profeta?».

In queste case c'è dolcezza, tenerezza, tranquillità.

I genitori cicala

Per semplificare: tutti i genitori impegnati in politica, nel sindacato, nel sociale e nel mondo dell'informazione. Tralascio le eccezioni. Li chiamo cicala perché il lungo parlare, doveroso tra l'altro, li porta quasi necessariamente a dire tanto e a fare poco. Alcune volte per colpa loro, altre volte per colpa di altri. Tralascio questi aspetti. A me interessa sottolineare le risonanze che tali persone, con il loro atteggiamento fanno ricadere sulla famiglia. Nessuno nega l'importanza di tale ruolo.

Nessuno può negare, che, causa questo ruolo, le famiglie ne escono quasi sempre scombinate. L'esigenza di salvare il mondo o di servire il partito, lascia cicatrici troppo spesso profonde e indelebili. Il retroterra famigliare sano e forte dovrebbe o potrebbe aiutarli molto di più.

«Nel nostro lavoro dovremmo rispettare con estrema severità la domenica come giorno non disponibile per l'attività politica. Se la politica è una funzione laica della società, deve essere possibile, specie in una società come la nostra, abbastanza libera dai condizionamenti materiali più pesanti, dedicarsi al lavoro politico solo in ore e giorni del tempo laico e pubblico, la domenica non lo è: è tempo di Dio...

La prima testimonianza di identità e di energia cristiana da dare nella società è di non programmare di domenica incontri e impegni che, legittimi, anzi doverosi in altri giorni, di domenica costituiscono una riduzione, in partenza eccezionale ma presto abituale e irrimediabile, di spazi e tempi di vita che debbono essere invece rispettati... per vivere la famiglia e le amicizie come luoghi sociali e culturali seri e quindi esigenti» *(Pedrazzi - Mai di domenica).*

Tiro alcune conclusioni. Non sono e non voglio essere un prete incarognito nelle mie fisime. Le indicazioni che vi ho dato, (sui 4 tipi di genitori) sono frutto di riflessioni che vado facendo in questo ultimo periodo. Forse tempo fa ero più liberale. Ma i segnali che mi arrivano dai giovani con i quali lavoro, parlo e condivido la mia vita, mi fanno diventare molto critico sul tipo di famiglia che oggi trionfa. La nostra società è diventata in 20 anni molto fragile nel campo dei valori. Quindi la famiglia, molecola della società, è diventata molto fragile anch'essa. I figli, anello ultimo della catena, sono la stazione capolinea. Le statistiche ci dicono che questa fragilità dei figli si sta traducendo drammaticamente in: suicidi, paura del matrimonio, adolescenza infinita, demotivazione generale.

«La progressiva atrofizzazione della fantasia è quello che qui ha colpito il dott. Allard (direttore di un centro psicopedagogico nella regione parigina) nella sua pratica professionale. Rispondendo alle sue domande i bambini ripetono quello che hanno sentito dire, che hanno visto al cinema, alla TV. Ci vogliono bambini che abbiano reazioni personali, il loro cervello è già completamente meccanizzato» *(Il bambino macchina,* da «L'Espresso» 12.4.87).

Ragazzi in fotocopia

In un'intervista, Hillary Clinton ha dato delle risposte interessanti, su vari argomenti. Mi soffermo solo su uno dei tanti, che riguarda l'educazione dei figli. Dice: «Noi adulti abbiamo una grave responsabilità nei confronti dei bambini. Abbiamo evitato, per lassismo e comodità, di ancorarli a salde boe di riferimento. Quando il bambino ha ricevuto un bagaglio di valori forti, passa indenne anche attraverso le sollecitazioni più distruttive. Il compito più importante per noi genitori è questo: mettercela tutta per dare ai nostri figli la giusta combinazione di amore e disciplina. Dobbiamo sacrificare i nostri interessi individuali in favore di quelli famigliari e collettivi. Mi hanno insegnato ad avere fiducia in me stessa e ad essere responsabile. Ma anche che faccio parte di una comunità verso la quale ho dei doveri... Poiché nella vita sono stata fortunata, ho l'obbligo di prendermi cura delle altre persone e di aiutarle. Servire gli altri è un tributo che paghiamo per vivere... Non capisco come si possa leggere il Vangelo e non credere alla necessità, oggi sempre più urgente, di mettersi a servizio degli altri».

Fin qui Hillary. Ora vediamo, se riusciamo, a modo mio, ad affrontare alcune tipologie di ragazzi. Ho raggruppato la mia riflessione attorno a quattro prototipi: Pinocchio, Cicciobello, Pierino, Tonino. Parto!

Pinocchio

«Ho pensato di fabbricarmi da me un bellissimo burattino di legno: ma un burattino meraviglioso, che sappia ballare, tirare di scherma, e fare i salti mortali. Con questo burattino voglio girare il mondo, per buscarmi un tozzo di pane e un bicchiere di vino... che ve ne pare?».

Così disse Geppetto a Mastro Ciliegia.

C'è nella letteratura questo strano burattino. Ha fatto storia. Non c'è ragazzo o adulto che non abbia letto questo libretto. Collodi è famoso quanto Dante e Manzoni. Se usciamo dalle pagine didascaliche, troviamo in natura un ragazzo di legno, che diviene, dopo romantiche avventure, di carne?

Forse un ri-Pinocchio non c'è, ma ragazzi che scappano di casa, insultano i genitori, se la spassano nel paese dei balocchi, vendono abecedari, divengono somari, non ascoltano grilli parlanti e fatine, s'alloccano con gatti e volpi, vanno in prigione, ve ne sono tanti.

Una categoria di giovani nasconde dentro di sé, spiccatamente, le due identità: il burattino e il bambino. Nella loro infanzia c'è una situazione famigliare strana, oppure una visione sbagliata dei genitori nei loro riguardi. Geppetto ha pensato di farsi un burattino nel momento in cui, solo, decise di viaggiare e di prendersi qualcosa di più di un tozzo di pane.

I genitori si sentono spesso aggrediti dalla società o dai «filosofi» della società perché causa di tanti errori educativi. E si domandano «dove ho sbagliato».

Quasi sempre lo sbaglio non è nei gesti educativi, ma

nelle premesse alla paternità: attese di burattini meravigliosi, di artisti in erba, di carezze gratificanti, di parole materne sostituzioni dei silenzi coniugali, sviano ciascuno di noi dal retto sentiero.

Il figlio è un dono, va vissuto nella gratuità; è un mistero cui attingere e cui dare: è un «fascicolo» di potenzialità infinite che va pian piano assemblato secondo le regole dell'oblatività e non dell'egoismo.

È da questa premessa che sgorga l'unica possibilità di non produrre burattini che per tutta la vita debbano rincorrere un'identità che non è mai stata loro offerta.

Saint-Exupéry dice: «Perciò ho fatto venire gli educatori e ho detto loro: voi non siete incaricati di uccidere l'uomo nei suoi figli, né di trasformarli in formiche per la vita del formicaio. Perché a me poco importa che l'uomo sia più o meno ricco. M'importa che sia più o meno uomo. Non chiedo innanzitutto se l'uomo sarà o non sarà facile, ma quale uomo sarà facile. Non m'importa dell'opulenza dei sedentari pasciuti come il bestiame nella stalla. Non dovete riempirli di concetti vuoti, ma di immagini che contengono delle strutture. Non dovete imbottirli anzitutto di cognizioni inutili, ma forgiare loro uno stile affinché possano cogliere l'essenza delle cose. Non dovete giudicare le loro attitudini soltanto dall'apparente felicità che dimostrano in questa o in quella direzione. Perché chi ha lottato di più contro se stesso va più lontano e riesce meglio. Dovete perciò tener conto innanzitutto dell'amore. Non dovete insistere sull'uso dei beni materiali, ma sulla creazione dell'uomo affinché egli pialli la sua tavola nella fedeltà e nell'onore, e così la pialli meglio. Insegnare il rispetto, poiché l'ironia è degna dello sciocco ed è dimenticanza di ogni contegno.

Lotterete contro i legami dell'uomo con i beni materiali e fonderete l'uomo nel bambino insegnandogli anzitutto lo scambio, poiché senza lo scambio vi è soltanto aridità. Insegnerete la meditazione e la preghiera con le quali l'anima diviene vasta. E insegnerete l'esercizio dell'amore, poiché chi lo potrebbe sostituire? L'amore di se stesso è il contrario dell'amore».

Cicciobello

È sempre vestito di tutto punto. Ultimi spot televisivi e subito «il capo» addosso a Cicciobello, ridotto a negozietto per baby. La fatica dei suoi genitori è rivolta soprattutto agli stereotipi e ai mass media. Ne consegue un lavoro educativo grezzo e, anch'esso, figlio di luoghi comuni e di frasi fatte.

C'è una pagina del Vagabondo di Gibran, che ci può interessare: «Fu nel parco di un manicomio che incontrai un giovane con il volto pallido e bello e colmo di stupore.

E sedetti accanto a lui sulla panca, e dissi "Perché sei qui?".

E lui mi rivolse uno sguardo attonito, e disse: "È una domanda poco opportuna la tua, comunque risponderò. Mio padre voleva fare di me una copia di se stesso, e così mio zio. Mia madre vedeva in me l'immagine del suo illustre genitore. Mia sorella mi esibiva il marito marinaio come il perfetto esempio da seguire.

Mio fratello riteneva che dovessi essere identico a lui: un bravissimo atleta.

E anche i miei insegnanti, il dottore in filosofia, e il maestro di musica, e il logico, erano ben decisi: ognuno di loro voleva che io fossi il riflesso del suo volto in uno specchio. Per questo sono venuto qui. Trovo l'ambiente più sano. Qui almeno posso essere me stesso".

E di scatto si volse verso di me e chiese: "Anche tu sei qui a causa dell'educazione e dei buoni consigli?".

E io risposi: “No, sono qui in visita”.

E lui disse: “Ah, ho capito. Vieni dal manicomio dall’altra parte del muro”».

Il Cicciobello è un mucchio di stracci colorati, firmati, costosi, ma dentro è deprivato dell’identità. Da adolescente sarà il capriccio a dominarlo... È un po’ tutti e nessuno. Uwe Steffan nel libro di *Giona e la Balena* parlando della fiaba di Cappuccetto Rosso, fa una lettura di questa tipologia di bambini.

«Essi capiscono che devono cercare in tutti i modi di non lasciarsi sopraffare, ingoiare, dalle loro brame immature, riflettendo e agendo con intelligenza e senso di opportunità».

Secondo la psicanalisi freudiana: «Se si abbandonano senza remore gli impulsi dell’Es, simboleggiati dalla loro golosità incontrollata, i bambini rischiano di essere annientati. Invece di cedere alla pressione dell’Es, devono imparare ad agire in conformità con l’“io”, «dopo aver superato le difficoltà edipiche, vinto le paure orali, sublimato i desideri che non è realistico pensare di soddisfare, sostituito l’azione dettata dall’intelligenza a quella dettata dalla volontà, il bambino può tornare a vivere felice con i genitori». Si può dire, perciò, che il proposito principale di questa fiaba è quello di ammonire contro i pericoli della regressione allo stato «paradisiaco», mostrando come questa tendenza vanifichi ogni desiderio e ogni tentativo di autorealizzazione e blocchi lo sviluppo psicologico e intellettuale. Se è vero che l’avidità orale minaccia di inghiottire l’uomo, ciò non vale soltanto per il bambino nella fase orale, ma anche per l’adulto rimasto in qualche modo fissato alla fase orale; il mangiatore, il fumatore, il bevitore, il consumatore smodato in genere. Non solo perché ogni brama eccessiva logora gradualmente la salute dell’uomo, ma perché la brama di consumo in particolare logora i fondamenti naturali della vita umana. Per riprendere un'immagine, l'uomo distrugge la zattera che lo sorregge e lo protegge dal pericolo di essere inghiottito dall'oscurità degli abissi...».

Pierino

Lo conoscono tutti. Ragazzino vivace e scanzonato al filo tra normalità e anormalità (chi parla difficile dice: «border-line»), loquace quanto basta per innervosire, attaccabottoni. Gli infiniti raccontini freschi, che si lasciano volentieri ascoltare, ritagliano esilaranti scenette tra Pierino e la maestra, Pierino e i carabinieri, Pierino e i genitori. Pierino e i preti. Occhietto troppo vispo e linguaccia sacrilega, Pierino ne ha per tutti.

In ogni istituto, famiglia, gruppo, classe, associazione, squadra sportiva, c'è il Pierino di turno. Scovare iniziative pedagogiche adatte ai Pierini, è un problema non facile. Nei libri di psicologia e pedagogia, di solito, manca il capitolo sui Pierini. Gli specialisti dividono i ragazzi in bravi o somari; buoni o cattivi; sani o malati, devianti o normali. Pierino non è nessuno di questi. Deborda dagli schemi, anticipa le situazioni, rimanda le situazioni al mittente con un'incollatura in più, fa spesso e volentieri le spallucce (eufemismo). Ma non è cattivo, né in malafede. È esuberante, leggermente dirompente.

Riporto una stupenda pagina di Alfred Kollritsch. Parla dell'infanzia attraverso due lettere ai figli.

Il pezzo che riporto, c'entra e no con i Pierini, però ci avvicina a quel clima purificatore, dentro il quale dovrebbero consumarsi i veri rapporti paterni.

«A te Philip, sono grato di poter giocare una seconda volta. Nei giochi non c'è ripetizione. Sono il rinnovamento incessante, così simile all'essere bambino? Io penso che gli ordini sono giochi morti, spoglie di giochi, che hanno venduto le loro anime al potere. I giochi non sono mai esercizi per casi seri. Essi decadono se lo diventano, e la serietà rende possibile i mostri della storia del mondo. Talvolta vorrei anzi proibire a te e a tuo fratello di accogliere con lo sguardo, nel vostro mondo di bambini, le semplificazioni ingannevoli ordite dalla tecnica, gonfiate fino a diventare eventi ottici, la mimetizzazione del male per ingannare il tempo (così il tempo viene ingannato davvero), e vorrei proibirvi di prendere parte al baccano che ne deriva. Ma si deve pur vedere ciò che esiste! Allora si capisce se è possibile condurvi via da tutto ciò, ad un livello superiore, non in lontananza. All'idillio si arriva solo dopo aver attraversato il fango. Alla mia generazione hanno nascosto la "sessualità", e non solo a casa ma anche a scuola hanno pronunciato questa stupida frase, accanto alle mille altre stupide frasi del vietare: "Risparmia i bambini, fuori nella vita lo impareranno da soli". I bambini sono fuori dal mondo, i profeti dell'educazione non esistono più, troppo spesso però se ne stanno nel loro intimo ben ordinato, sotto le spoglie di moralisti o di maestri di logica. Io vorrei evitare che tu debba rinunciare ai tuoi nascondigli. Io non ti voglio aggredire subito con ciò che è naturale. Quest'ultimo è infatti composto, normalizzato, frantumato in fatti enunciabili».

Pierino disarciona gli educatori provetti, quelli che hanno studiato sui libri.

Se v'è un pericolo nell'educazione dei Pierini, è quello di renderli infelici, a causa della loro vivacità.

A. Neil, parlando di questi argomenti fa questa riflessione: «Il ragazzo difficile è il ragazzo infelice. Egli è in lotta con se stesso e di conseguenza è in lotta con il mondo. L'adulto "difficile" naviga nelle stesse acque. Nessun uomo felice ha mai disturbato una riunione o pregiudicato una guerra o linciato un negro. Nessuna donna felice ha mai torturato il marito o i figli. Nessun principale felice è mai stato terrore dei suoi impiegati. Nessun uomo felice ha mai commesso omicidio o furto. Tutti i delitti, tutti gli odi, tutte le guerre possono essere ricondotte all'infelicità. A noi tocca non rendere infelice nessuno, anzi fare esattamente l'opposto».

Tonino

Abbozzo un profilo di ragazzo normale, non Cicciobello, non Pierino, non Pinocchio. Ha avuto molto spazio per dialogare con i suoi, già nei primi anni dell'infanzia è stato aiutato a scegliere. C'è una scelta della quale si parla troppo poco: ed è la capacità che ogni educatore deve avere nel proporre strade sempre più impegnative, anche se saggiamente graduali.

Scegliere, ad esempio, tra cose buone e cose migliori, è interessante. Nella nostra cultura si profilano quasi esclusivamente le due vie più chiare, cioè la via del bene e la via del male. Davanti a tale bivio si è trovato Ercole e ogni giovane e adulto.

Tonino, poi, deve godersi i suoi genitori. È soprattutto il padre che deve tornare sulla scena familiare. La figura paterna oggi è indispensabile. La fragilità di tanti adolescenti va inscritta dentro questa assenza. Dedicate, padri, molto più spazio ai rapporti educativi con i figli. Inseritevi nei loro giochi e nei loro «privilegi». Barbiellini Amidei in un libro sui «Nuovi ragazzi» elenca la piccola mappa dei poteri giovanili:

1. Il telefono. È il loro regno: non serve il 197 per le chiamate urbane urgenti, la lettura della bolletta bimestrale non aiuta. In nessuna altra attività la mancanza di fretta nelle nuove generazioni si distingue con tanta evidenza come nel conversare di amore, di scuola o nulla, da una cornetta all'altra.

2. L'orario. Le scansioni della giornata, soprattutto le pause per i pasti, seguono logiche indecifrabili, costantemente contraddittorie con le abitudini dei genitori.

3. Il frigorifero. L'accesso è regolato da appetiti, disappetenze, diete iniziate e dismesse nel giro di poche ore. È un viavai fittissimo, lo sportello resta aperto fra un provvigionamento e l'altro.

4. Il caffè. Prepararsi il caffè è un rito ripetuto. Svitare la macchinetta, sciacquare la tazzina, riporre il pacchetto della miscela sono operazioni ignorate.

5. L'automobile del padre e della madre. Nelle famiglie monoauto la disponibilità della macchina per gli adulti, soprattutto di sabato e domenica, dipende da variabili indipendenti come l'andamento dei flirt dei figli e la decisione loro e dei loro amici di fare una gita.

6. I vestiti. In particolare i golf, soprattutto, per chi li ha, quelli di cachemire. Il golf del figlio è del figlio, il golf del padre è del figlio. Per i golf della madre dipende dai colori e dalla moda. Può anche accadere, dopo qualche mese, che i golf della figlia diventino di autorità della madre: brutto segno che indica la richiesta implicita di soldi per comprarne uno più bello.

7. I giornali. Il potere di lettura dei giovani è una hit-parade assai dura per le fortune e le sfortune editoriali: nelle famiglie plurigiornali il quotidiano disponibile per i genitori è quello definitivamente in declino. Introvabile di lunedì «Cuore».

8. Gli ospiti. Nessuno chiede: aggiungi un posto a tavola. È necessario indovinare. Intorno all'ora dei pasti si addensano spesso a casa compagni vari. Difficile è capire se vogliono fermarsi a mangiare, se vogliono limitarsi a una visita al frigorifero o se stanno portando vostro figlio a mangiare fuori.

9. Gli acquisti e gli ex. In talune famiglie una parte del potere è in mano a queste due categorie di estranei al nucleo: sono i fidanzati, i pre-fidanzati e i post-fidanzati. Questi ultimi, detti ex, restano spesso aggregati, posteggiati, figli adottivi che hanno preso un certo gusto alla compagnia, alla buona tavola e alle settimane di vacanze ospiti al mare o in montagna e contano, anche loro. Per passare il tempo, mentre i figli sono presi dai nuovi acquisti, pretendono anch'essi il telecomando.

Di solito questi sono mezzi che utilizza Tonino e tanti altri ragazzi di casa nostra. E, di solito, nascono da qui i rancori, le divisioni, i battibecchi tra genitori e figli.

E sarebbe molto meglio che noi adulti, sfruttando questa mappa, riuscissimo a fare di essa una piccola base di intercomunicazione.

Ricordo poche righe di una lettera drammatica nella sua fredda linearità: «Sono una ragazza di dodici anni... perché l'adolescenza è diventata un dramma? Una volta adolescenza significava il periodo in cui un ragazzo raggiungeva la maturità per compiere il suo primo passo verso la vita. Oggi invece sembra quasi che un ragazzo inciampi sul suo primo passo per imboccare la strada della vita...».

Perché, per i nostri figli «normali», l'adolescenza viene recepita quasi come un inciampo?

Per finire... Come noterete ho affrontato il tema: ragazzo cattivo. Credo che non sia facile affrontarlo, e non sia meschino dribblarlo. Per conto mio non esistono ragazzi cattivi.

Abbiamo consumato troppo inchiostro per dividere il mondo in seguaci di Caino e Abele, o in figli prodighi e figli fedeli. Mi affascina di più pensare in Caino uno spessore di bontà fino a ieri inespresso, sepolto dentro al suo cuore, perché la pedagogia ha preferito semplificare la ricerca. Parlando del buon Samaritano, pensare che si sia soffermato a lodare un uomo qualunque, che sceso dalla cavalcatura, sulla strada di Gerico si è accorto che sul ciglio v'era un mezzo vivo. Per la stragrande maggioranza della gente, Caino, il figlio prodigo, Giuda, sono uomini morti.

Non sarebbe ora che soffermandoci, guardando bene dentro al cuore dei «perdenti e dei perduti» ci accorgessimo che nessuno è morto?.

Gianna Schelotto, in un recentissimo libro affronta questo delicatissimo problema: «Caino il buono. Con questo libro voglio smitizzare la separazione manichea tra fratelli buoni e cattivi, e dire che infelicità e cattiverie dipendono spesso da come i genitori impostano il rapporto con i figli...».

Forse non è semplice e solo così psicoanalitica la risposta, che ha posto la Schelotto. Val la pena, però, di pensarci sopra.

Figlio di un «io» minore

I bambini scatenano sempre ciò che c'è di meglio e di peggio dentro al cuore dell'adulto. Fino a qualche tempo fa un velo farisaico aveva fatto pensare solo agli scatenamenti positivi; oggi le cronache, talvolta un po' troppo realistiche ma vere, ci obbligano a riordinare in modo abbastanza diverso i rapporti che intercorrono all'interno delle famiglie e delle istituzioni tra genitori, figli, adulti, allievi, fanciulli. Mancava nell'elenco il divorzio dei figli dai genitori per allungare la già troppo lunga serie di fatti e misfatti che al caldo di falsi focolari si consumano. Pensavamo bastassero una casa più moderna e decente, uno stipendio lauto, un numero inferiore di figli, un libro di psicologia in più, per rialzare la soglia qualitativa della convivenza famigliare.

Niente di più fasullo, la fragilità e la superficialità con le quali si uniscono e disuniscono uomini e donne; la «voglia» di maternità, spesse volte più attenta al pancione, alla carrozzina polivalente, ai ninnoli che a costruire pazientemente la personalità delicatissima del proprio figlio, hanno permesso che ancora una volta siano gli innocenti a pagare. Non accetterei volentieri (e tanto meno ne farei annunci televisivi, sapendo quanto siano teledipendenti e attori i bambini) e a cuor leggero i divorzi dei figli dai genitori. Un genitore può e deve essere aiutato a maturare, a cambiare atteggiamenti verso i figli. Quando se ne è tagliato il rapporto, nei modi eclatanti e drammatici cui assistiamo in questi giorni il figlio ne sarà la vera vittima per tutto il resto della vita.

Non è facile per nessuno improvvisarsi padre o madre di qualcuno. Lo so, per trent'anni di lavoro in questi campi delicatissimi, che ricostruire rapporti alternativi alla famiglia è possibile solo da parte di poche persone. Non credete facilmente a psicologi, assistenti sociali, o alle parabolette che vi raccontano tante coppie. Esistono, ripeto, casi riusciti, ma esistono molti più casi non riusciti o riusciti male, dei quali non si parla mai.

Il dramma dell'infanzia consiste soprattutto nell'impossibilità di scegliere. C'è sempre qualcuno che sceglie per essa, sia nel bene che nel male. La forza della società, di una società autentica, dovrebbe consistere nel correggere con la più grande delicatezza, trasparenza, ed equilibrio affettivo, usando l'alveo naturale, senza anticipare, o predefinire altre strade che sono più dentro le ideologie dell'adulto che non nei segni della storia delle creature che ci vengono affidate. Oggi più che mai la famiglia di origine va salvata e assistita anche se «zoppicante» e apparentemente senza tutte le carte in regola. L'amore in questi anni rischia di venire barattato per pochi biglietti della lotteria di Capodanno.

Non scherziamo col fuoco, ma, soprattutto, non scherziamo con l'amore dei nostri bambini. Se il cuore dell'uomo è un mare, il cuore del bambino è tutto il mondo. Lui ha solo quello; mentre noi abbiamo anche intelligenza, ragione, esperienza. Nella biografia di tanti ragazzi devianti, *solitudine*, è la parola più presente e più scandita da loro. E se quando parlano d'altro sono acidi, scontrosi, quando dalla loro bocca esce questa pesante parola, quasi sempre, dai loro occhi escono contemporaneamente lacrime e disperazione.

Ognuno di noi ha tra le mani giovani, adolescenti, fanciulli. Dovrebbe ricordare che può fare ogni giorno dei «morti» se non userà quella riverenza di cui ci hanno parlato i nostri padri. *Maxima debetur pueris reverentia*. Non saremo mostri, o genitori sventati, o padri sfortunati, ma non dobbiamo aspettare che in noi o attorno a noi scoppino le assurdità sulle quali piangiamo in questi giorni, alle quali, e insisto, un pochino ognuno di noi ha contribuito.

L'infamia di chiamarli «a rischio»

Se si presentasse Giovannino Bosco per frequentare le scuole dell'obbligo italiane, sarebbe, dopo qualche ora, etichettato come ragazzo irrequieto; dopo qualche giorno verrebbe richiesto per lui l'insegnante di sostegno: e, causa la sua vivacità, sarebbe alla fine dell'anno... almeno rimandato.

Se non vogliamo scomodare Giovannino Bosco, potrei pensare a me stesso. Io sarei, a scuola, un caso a rischio. Ma lo sarebbero centinaia di artisti, di operai, di dirigenti. Quando nel 1979 venni a dirigere l'Opera don Calabria di Milano, ebbi subito a che fare con i ragazzi «scartati» dalla scuola italiana. Su tutti i libretti v'erano chiare allusioni alla caratterialità o alle situazioni familiari. Non era stata ancora inventata la parola drop-out.

Dal 1979 ad oggi, quasi ogni anno un centinaio di adolescenti bruciati dalla scuola ed etichettati come «ragazzi a rischio» sono passati dal nostro Centro. Quasi tutti hanno conseguito la terza media, poi hanno ottenuto una qualifica professionale. All'inizio dell'anno creano qualche difficoltà, ma dopo qualche tempo entrano nel «clima» e si orientano abbastanza bene. Da notare che da noi l'orario è molto più lungo e più pesante che nella scuola pubblica.

Eppure, alcune migliaia di ragazzi – per la scuola socialmente pericolosi – oggi sono in società e fanno molto meglio i cittadini, i lavoratori, i padri di tanti altri cosiddetti normali.

Non dico ciò per banalizzare l'azione dei sociologi, ma per incominciare a sfoltire la popolazione ingiustamente definita «a rischio». È troppo comodo per la scuola italiana mettere in ballo questa infamante definizione e appiopparla sulle spalle della gente. Molto spesso è il modo di stare dell'insegnante nell'aula che provoca reazioni nei giovani. Docenti tristi ed impigriti, fasciati in vesti griffatissime, dopo aver confabulato nella sala insegnanti sul «pedigree» dei loro cani o dei loro gatti, non possono essere così sensibili da accorgersi che giovane a rischio è un'etichetta da non appioppare nemmeno a una bestia. I veri giovani a rischio non vengono nemmeno a scuola. E i pochi che vengono sono così esigui da non toccare certamente le quote che si vanno scrivendo su molti giornali. Il 30% della «mortalità» scolastica nel biennio superiore non c'entra niente con il «rischio». Il fenomeno dei «*drop-outs*» è causato da una scuola senza «mordente modale», fatta per coloro che devono apprendere il modo di arrampicarsi sui gradini alti della società. Riempire la scuola di «altri contenuti» non è difficile. I «*drop-outs*» sono giovani che chiedono alla scuola di avvicinarli in altro modo. I loro interessi sono su versanti sconosciuti alla scuola, quali l'attività manuale, artistica, musicale, sportiva, teatrale. Perché si vieta alla scuola di progettare programmi molto diversi all'inizio, ma molto simili verso la fine? Perché non fare molto teatro o molto lavoro, e poi, attraverso la concreta esperienza, approdare ai programmi dell'obbligo? Era più moderna la scuola di Pinocchio che quella del Duemila.

Dico queste cose perché le sto facendo, con risultati esaltanti. Ritorno quindi a ribadire che nell'elevazione dell'obbligo scolastico vanno premiati itinerari diversificati. La Pubblica Istruzione, il ministero del Lavoro, forse quello dello Spettacolo, lo stesso ministero degli Affari sociali, dovrebbero stimolare sperimentazioni le più svariate, allo scopo di rispondere nei modi più elastici al mondo giovanile, che non chiede solo di conoscere le equazioni, ma soprattutto di capire se ancora – oltre questa pietra ammuffita della scuola – possono nascere i ciclamini. Mi vergogno di credere che ancora oggi sia possibile giustificare l'operato di moltissimi insegnanti rinforzando la loro accidia con vocaboli di volta in volta rubati a qualche tavola rotonda. Altri sociologi si sentono felici solo quando riescono a trovare i sinonimi di imbecille, per appiopparli a chi ne ha meno colpa. C'è una favola, tratta da «*Kahlil Gibran il folle*», con la quale concludo.

«Si teneva una sera una festa a palazzo, e giunse un uomo e si prosternò dinanzi al principe, e tutti gli invitati volsero lo sguardo su di lui; e videro che era privo di un occhio e l'orbita vuota sanguinava. E il principe lo interrogò dicendo: "Che cosa ti è accaduto?". E l'uomo rispose: "Principe, io esercito il mestiere di ladro e questa notte, non essendoci luna, mi accingevo a derubare il cambiavalute, ma arrampicandomi da una finestra sono entrato per errore nel negozio del tessitore, e nel buio ho urtato il telaio e mi sono cavato un occhio. E, ora, Principe, chiedo giustizia contro il tessitore". Il Principe mandò a chiamare il tessitore e lui venne, e fu decretato che gli venisse cavato un occhio. "Principe – disse il tessitore – la sentenza è equa. È giusto che mi sia cavato uno degli occhi. E tuttavia, ahimè, entrambi mi sono necessari, per vedere tutti e due i lati della tela. Ma ho un vicino ciabattino: anche lui ha due occhi, e nel suo lavoro non gli servono entrambi". Il Principe mandò a chiamare il ciabattino. E costui venne. E al ciabattino fu cavato uno degli occhi. E giustizia fu fatta». La giustizia «casca» sempre sulla parte debole.

Mamma ho perso la scuola

Mai la scuola è stata aconfessionale, anonima e ignorante come oggi. Può strillare quanto vuole chi è laico, ma le biblioteche dei Benedettini, i licei dei Gesuiti, i centri dei Salesiani, fino alla fine dell'ultima guerra, valevano molto di più di tutti i ministri e i ministeri della Pubblica Istruzione.

I fatti, non le chiacchiere, lo dicono (molti laici se potessero si graffierebbero via la scuola cattolica frequentata da bambini). Se l'Italia è arrivata dove è arrivata è perché le grandi scuole sono sempre state, anche, grandi fari orientatori e produttori di civiltà. Non voltiamoci indietro più di tanto. È vero, allora a scuola andava un decimo della gente, tutta motivata, rampolli di note famiglie. L'altro 90% andava a pascolare le bestie.

Oggi a scuola va il 90% e i meccanismi di allora sono saltati tutti.

Ci si è accorti, ad esempio, che tutti gli istituti tecnici e professionali, essendo recenti, hanno una popolazione totalmente diversa da quella dei licei?

Possibile non si sappia che la crisi più grave la stanno correndo questi? Perdiamo da anni il 50% degli iscritti ai primi anni di questi istituti, eppure... La scuola così è una tragedia per l'Italia. Tra qualche tempo quasi tutti i nostri ragazzi passeranno dieci/quindici anni, dentro a questa struttura disorientata e disorientante!

Non può esistere scuola di Stato, in uno Stato che è ancora succube di un laicismo politicoso, confinante con la massoneria, e di una sinistra che sa elaborare (fatti salvi gli affari) solo il gergo sinistrese. Troppo egoismo politico e troppe manie mediatorie, hanno offuscato la scuola. La scuola deve tornare alla gente. Ogni Regione o territorio deve gestire, in proprio, l'educazione dei propri figli. Educazione significa valori contenuti, proposte forti. A voi, parlamentari, un ordinamento-quadro e di riferimento.

La scuola deve venire riempita di vita. Scienza, istruzione, apprendimento, valgono se chi li impartisce è direttamente collegato con le sorgenti della vita. Saint-Exupéry diceva:

«Voi chiedete agli uomini di ricostruire il mondo mediante la semplice lettura del libricino che non contiene altro che immagini e riflessi inefficaci e vuoti in confronto alla somma di tutte le esperienze. E voi fate dell'uomo una bestia primitiva e inerme, poiché avete dimenticato che il cammino dell'umanità è come un albero che cresce, e continua da un uomo all'altro, come la potenza dell'albero dura attraverso i suoi nodi, le sue torsioni e la divisione dei suoi rami. Io ho da fare con un grande corpo e ignoro ciò che vuol dire morire quando guardo dall'alto della mia cittadella, poiché qua e là cadono delle foglie, qua e là spuntano delle gemme e tuttavia il tronco resiste solidamente. Ma questi mali particolari non danneggiano l'essenziale e tu vedi quel tempio che continua ad ergersi, quel granaio che continua a vuotarsi e a riempirsi, quel poema che continua ad abbellirsi e il parapetto curvo della fontana che continua a lustrarsi. Ma se tu separi le generazioni è come se volessi formare di nuovo l'uomo a metà della sua vita e, dopo aver cancellato in lui tutto quello che sapeva, sentiva, comprendeva, desiderava e temeva, sostituire questa somma di esperienze divenute carne con le aride formule tratte dal libro, avendo soppresso tutta la linfa che saliva attraverso il tronco e trasmettendo agli uomini solo quello che è suscettibile di essere codificato. E perché la parola falsa la realtà per afferrarla, la semplifica per insegnarla e l'annulla per comprenderla, essi cessano di essere alimentati dalla vita».

Capisco di adoperare l'accetta per dirimere questioni che esigono il bisturi. Ma io so adoperare solo quella. Chi è sulle strade, vede scendere velocemente le tenebre perché troppa cultura appiccicaticcia viene ingerita da noi polli in batteria. Violenza, droga, superficialità, egoismo, sono solo i primi frutti bacati di questa scuola senza radici e senza cuore.

A meno che non diamo ragione ad Erasmo. Nell'*Elogio della follia* ci dice: «Della vita è abbastanza evidente che di tutti gli esseri viventi i più beati sono i più lontani da ogni disciplina scolastica e che seguono la natura soltanto. Quale animale è più felice e ammirevole dell'ape? Il corpo della quale non possiede neppure tutti i sensi (a proposito di handicappati!), eppure dove cercare per l'architettura un modello migliore delle sue costruzioni? E nessun filosofo finora ha saputo progettare una forma di governo anche solo lontanamente simile alla perfezione di un alveare...».

Signore, sai cos'è la mafia?

Vorrei tanto, Signore, che la tua maledizione scendesse sui mafiosi (Dio, stramaledica i mafiosi) ma, sono cristiano, e questi spropositi mi sono concessi per pochi minuti.

Vorrei tanto, Signore, che tu ti fidassi di noi quando ti diciamo che la mafia è l'AIDS della società: di mafia (come di AIDS) si può solo morire e far morire. Vanno trovati i rimedi subito. Domani è già tardi. L'abbiamo capito per l'AIDS, lo dobbiamo capire anche per la mafia. Vorrei tanto, Signore, che noi, tuoi preti, avessimo una fede meno sdolcinata, che si accontenta di poche o di molte chiacchiere, ma che non graffia, non cambia niente, lubrifica tutto. La tua fede, era parola, sangue, vita, spada, morte, pane, vino... la tua fede ha trasformato gli schiavi in uomini liberi, gli uomini liberi in fratelli... la fede di molti preti non ha cambiato niente e forse ha permesso che i fratelli tornassero schiavi.

Vorrei tanto, Signore, che gli uomini politici, quei pochi che ancora cercano di servire gli uomini e non loro stessi, di qualunque militanza, rifondassero le «città dell'uomo» e le ricostituissero non aumentando o cambiando i giochetti per occupare il potere. (Non sarà certo una diversa legge elettorale o pantomime simili... che ridaranno il volto vero alle nostre amministrazioni locali).

L'odore acre del marcio è troppo dentro alla politica per poterlo coprire con un po' di borotalco. Signore, mi fanno tanto paura i politici lucidi, raffinati nel parlare, smaniosi di formule. Vorrei tanto che avessero solo un po' più di coscienza, molta umiltà e trasparenza.

Vorrei tanto, Signore, che i nostri giovani deponessero la maschera... del perbenismo, dell'omertà. L'omertà è un peccato, come l'aborto, il divorzio, la bestemmia. Dobbiamo, noi preti, convincere la gente che viene in chiesa (credo che parenti e amici di mafiosi frequentino le nostre chiese), a parlare, a confessare questi peccati gravi. Chi tace uccide come chi colpisce. Chi protegge sbaglia come chi dirige. Sarebbe orribile che l'ignoranza di alcuni familiari di mafiosi arrivasse fino a pregare per il buon esito di alcune... operazioni mafiose. Nessuno è più ciò che sembra. L'apparenza è diventata l'abito normale delle loro giornate e, soprattutto, delle loro feste. Signore, siamo la bugia istituzionalizzata.

Accusiamo gli altri di ipocrisia, ma per difendere noi stessi. Tu sei venuto al mondo per abolire l'ipocrisia, il fariseismo e noi t'abbiamo gabbato.

I sepolcri imbiancati sono niente, rispetto al nostro bifrontismo.

La giustizia sembra dare ampie coperture legali ai delinquenti. Le canzoni sono diventate ambiguità, turpiloquio, dissonanza, occasione per spinellarsi, sia pure con qualche eccezione.

Il lavoro premia sempre più e in modo spropositato chi ha di più. La società è ridotta a teatrino per marionette, anche se le marionette portano nomi impegnativi quali mafia, droga, prostituzione.

Poiché, Signore, credo che tu voglia ancora la verità, l'amore, la fede, la speranza in questo mondo, gridalo a questi giovani; non farli stare in pensiero. Non farci aspettare.

Ripetici ancora una volta che tu sei la via, la verità, la vita. E se è vero questo, i burattini dai nomi diabolici cadranno. Sono cadute le mura di Gerusalemme, è caduta la schiavitù e devono cadere le maschere, la droga, la politica degli affari, la violenza.

Ma tu, Signore, sai veramente che cos'è la mafia? E se lo sai, perché non corri in nostro aiuto? Signore, la mafia è la nuova schiavitù. Tu non l'hai provata. Noi la stiamo provando; questi giovani la stanno provando...

i genitori degli uccisi la stanno provando. Anche loro come Onesimo, hanno bisogno di essere liberati.

Mandaci politici che sappiano liberare gli schiavi del 2000.

Mandaci apostoli che sappiano gridare come Paolo: non è giusto che «i peccati di certe persone si vedano chiaramente anche prima che siano condannate; e i peccati di altre persone si scoprano, quando si scoprono, soltanto dopo» (Paolo).

Signore, vogliamo che i peccati di tutti si scoprano prima, perché non è giusto che paghi sempre chi ha meno colpa.

Signore, abbiamo capito che alcune cose vanno gridate sui tetti... e lo faremo, sì lo faremo, anche se non con il rancore dell'odio e della violenza (la violenza sappiamo che non genera) ma con il calore e la forza che ci vengono dal Vangelo.

Qui è possibile solo morire

Diviene sempre più popolare l'atteggiamento lassista da parte degli adulti. Hanno già dimenticato, quanto male hanno (o abbiamo) fatto ai giovani permettendo loro di fuggire dalla realtà e rifugiarsi in utopie rivoluzionarie, in breve tempo deterioratesi in terrorismo o in radicalismo di maniera. Ora, sempre con la stessa svogliatezza e lo stesso disimpegno, svicoliamo davanti ad un altro ancor più provocante problema: la droga.

Il fascino dell'effimero e lo scontato modellino della bambola televisiva sempre giovane, sana, fortunata, bella e svampita, spadroneggia nei nostri pensieri e le nostre azioni.

Credo sempre più fermamente che una società «in offerta permanente» sia l'ultima e più fatale causa dell'avvicinamento alla droga dei giovani e giovanissimi.

Più diamo, più li accontentiamo, più li copriamo di capricci e di banalità, più l'uomo verrà sconfitto nella sua anima.

Il veleno che si nasconde dietro lo spinello o il farmaco, creatore di dipendenze, va ben oltre le cause politiche cui si vuole inscriverlo. Può essere che la legalizzazione eviti qualche criminalità, piccola sempre rispetto a quelle sconfinate e tremende di cui non si parla mai, ma la predisposizione pesantemente negativa che alimenta, è di gran lunga peggiore dell'incerto vantaggio che ne ricaveranno.

Antoine de Saint-Exupéry scriveva così a sua madre:

«Lasciatemi essere, poiché ho cessato di diventare; sono stanco dei lutti del mio cuore, sono troppo vecchio per ricominciare da capo, ho perduto uno dopo l'altro i miei amici e i miei nemici, e sulla mia strada è scesa una luce di tristi svaghi. Mi sono allontanato, sono tornato, ho visto gli uomini attorno al vitello d'oro, non interessati ma stupidi, e i bambini che nascono oggi li sento più estranei che se fossero dei giovani barbari. Sono carico di tesori inutili come di una musica che non sarà mai più compresa. Ho iniziato il mio lavoro con l'ascia del boscaiolo nella foresta, ed ero ebbro del cantico degli alberi, ma adesso che ho visto troppo da vicino gli uomini, sono stanco».

Ho l'impressione che siamo un po' tutti stufi di diventare. Ci accontentiamo di lasciarci vivere... dalle stupidate.

Gli adolescenti che si spinellano, sempre più numerosi. Se ne sbattono dei matusa (siamo noi), delle nostre paranoie e ci dicono che loro entrano ed escono dallo spinello quando e come vogliono, perché loro sanno intendere e volere. Non ci interessa dibattere sullo spinello e farne un trattato paraideologico. Sulla liberalizzazione o sulla legalizzazione ci si incanta a vicenda, vuoi a colpi bassi (notizie false, depistaggi informativi, disinformazione, opinioni), vuoi infilando lenti da presbiti sugli occhiali delle altrui attività.

Quello su cui vorremmo discutere rimane di una praticità disarmante: perché giovani dotati di salute, bellezza, creatività, intelligenza, debbano dipendere da porcherie per sentirsi vivi e normali. Il capriccio fa parte degli assoluti della vita dei nuovi adolescenti, appartenenti ad ogni tipo di famiglia?

Se noi adulti non siamo capaci di riempire il cuore dei nostri giovani delle cose più dolci, soavi e affascinanti della vita, mi domando che adulti siamo... perché ci etichettiamo col titolo di adulti.

La scuola inventata già ai tempi di Adamo ed Eva, e da sempre invocata come struttura educativa, formativa e istruttiva è pacchianamente precipitata in zona ad alto rischio. Di pedagogico solo qualche ombra.

Maurizio Porro, in un suo passaggio sulla scuola, scrive:

«La verità è che oggi la scuola è la televisione, e che il vecchio maestro è stato esautorato. Ha la funzione del baby sitter, mentre i ragazzi si muovono, si atteggiano, parlano tutti come Funari o la Carrà ma sono comunque passati dal dialetto alla lingua, pagando lo scotto di essere tutti omologati come diceva Pasolini, nelle parole, nei desideri, negli ideali». Per questi ragazzi, domani adolescenti, annoiati dalla vita a dieci anni e carichi più delle caramelle, di cartoons giapponesi, che di virtù, poco o niente facciamo, salvo di tanto in tanto, qualche ricerca di mercato.

L'universo minorile, se esiste ancora è sull'orlo di una sconfitta definitiva, calpestato, trasformato in qualcosa d'altro, suggerisce Maurizio Calvi.

Gli abitanti delle carceri, è la seconda categoria che ci interessa. Dei quasi ventimila tossicodipendenti che per ragioni di legge, sono pigiati come sardelle in scatola, dentro le macabre celle delle galere italiane, non sappiamo cosa fare.

Tali persone, dal carcere chiamano e sembrano bussare per uscire.

Di fatto il loro grido di aiuto non è per uscire dalla galera ma per riprendere a vivere.

Alcuni decreti legge, e la stessa 162, prevedevano ipotesi elastiche e alternative. Niente è stato fatto.

Abbiamo più volte chiesto strutture, di gestire sperimentalmente nuovi tipi di comunità aperte, o, intermedie, per noi, più idonee a popolazioni segregate in istituti alienanti e fatali, silenzio assoluto. Dentro le galere si muore, si diventa sieropositivi, ci si ammala di AIDS, ci si fa le pere. Va bene così?

Anche se la legge 162, sotto questo aspetto venisse riveduta e corretta, non saremmo preparati, noi società civile, responsabili dei NOT e delle comunità, a fare nulla di serio.

Noi abbiamo preparato gli educatori e non abbiamo sufficientemente riflettuto sul tipo di struttura da impiantare, senza parlare di uno straccio minimo di finanziamento.

«Non è necessario essere ladri, rapinatori, oppure quel genere di criminale considerato tale dalla maggior parte della gente per entrare in prigione... Non ce la faccio più... Mi hanno rubato tutta la vita. Gli anni più belli della mia vita.

Non vi importa sapere che mi hanno messo dentro per sei anni?

Non potete capire. Mi hanno rovinato tutto... Ho voglia di vivere... E qui è possibile solo morire, lentamente, minuto dopo minuto... Nemmeno sull'orologio vedo il tempo passare...» (Lettera dal carcere).

La terza urgenza sono i recidivi, quei giovani o meno giovani che sono, anche dopo anni, dopo esperienze numerose di comunità, ancora immersi dalla testa ai piedi, nella roba.

Ne sono piene le stazioni, i sottopassi dei metrò, le piazze, le viuzze nascoste delle metropoli e dei centri abitati di tutta l'Italia.

Per loro non v'è più speranza?

Molti hanno oltrepassato abbondantemente i trent'anni, alcuni quasi i cinquanta; altri ancora sono poco più che diciottenni, già rotti a storie infinite.

La società offre loro lo scantinato di fratel Ettore, massicce dosi di metadone, un'ambulanza quando arriva in tempo per salvare da un'overdose. Niente di più.

Anche i funerali, per costoro si fanno in economia e talvolta nemmeno si celebrano. Figli di nessuno, figli di una bestia che ci siamo coltivata in seno e che, da scafati farisei, abbiamo in tempo utile scomunicata dal nostro albo famigliare.

Io ho suggerito, in articoli e incontri, di rimetterci attorno al tavolo, un po' tutti, per capire che dimensione ha il fenomeno e se rispondendo seriamente a tale fenomeno, non ci sia possibile battere nuove piste in questo settore.

Da tempo noi di Exodus riflettiamo su cascine (sempre con la porta socchiusa) predisposte ad accogliere questa gente, così com'è, senza alcuna pretesa che abiurino al loro ménage quotidiano ma nel contempo, con l'obiettivo chiaro, di aiutare qualcuno ad uscire dalla droga, attraverso la droga. Parola esplosiva ma sufficientemente illuminante, almeno per me.

Fino ad oggi i postulati che hanno orientato le nostre metodologie sono stati altri. Rimangono sempre altri per coloro che vengono a bussare. Non possono essere per i disperati, gli sconfitti.

In una delle verifiche annuali che facciamo, don Luigi Ciotti del Gruppo Abele aveva tracciato l'identikit di sette volti di tossicodipendenti su cui riflettere: gli altalenanti, gli storici, le coppie, i carcerati, gli adulti, gli stranieri, i minori.

Aggiungerei l'ottava trasversale: i sieropositivi.

Riflettiamo su questi otto volti della droga ma facciamo presto anche ad escogitare qualcosa, perché questi volti già sfigurati, non ci scompaiano dalla vista. O perché la morte li ha colti, o perché la memoria nostra è di breve durata. Rispondere ai problemi in tempo reale è un altro traguardo da raggiungere.

Marina Mizzan nel suo recente libro *I bambini non volano* con l'ultimo racconto, confessa una difficoltà che la colpisce se, in auto, deve affrontare uno stuolo di piccioni pigramente fermi al suolo.

«Si leveranno in volo o sarò costretta a schiacciarli?». E se invece di trovare sul proprio cammino dei piccioni, incontrassi dei bambini che non volano, dei tossicodipendenti incatenati dal dolore?

È come se tutti noi, ad ogni passo ci trovassimo di fronte ad ostacoli del genere.

Che fare? Accelerare, frenare, tornare indietro, o scendere e fare i samaritani?

Verso il paese dei pifferai

È morto così, come un fiore che si stanca di sopportare l'intenso colore dei suoi petali. Ha voluto assaporare il verde della Cascina Molino Torrette, nel Parco Lambro, fino a quarantotto ore prima. Claudicante sul suo bastone, trascinava una dopo l'altra, le due pesantissime scarpe. Forse pesavano più quelle che l'intero corpo. Era, infatti, solo scarpe e pantaloni. Appena gli occhi; gli si erano fatti immensi ed espressivi. Era nato il 10 settembre del 1966. Abbiamo ricordato il suo ventiseiesimo compleanno con una messa, sotto il pergolato, dove ha voluto farsi portare, nella bara, dopo morto; sempre nella cascina.

Aveva frequentato il liceo artistico a Bollate. Poi

aveva conosciuto Monica e l'unione amorosa da capogiro, durata due anni, rivelava la sua strana capacità di innamorarsi maniacalmente. Ha origine, qui, la sua esperienza con la «polvere mortale».

Monica si spaventa e tenta ripetutamente, fino all'esaurimento, di aiutare Andrea a troncare la perniciosa «professione di tossico». Invece la situazione si aggrave sempre più. Finisce drammaticamente qui l'innamoramento per Monica. Andrea sceglie l'eroina. Accetterà l'aiuto del fratello e, quasi automa, si farà accompagnare al NOT (già prima il fratello aveva tentato inutilmente di soccorrerlo). È nel 1989 che Andrea si avvicina ad Exodus. Era ancora un bel ragazzo, pieno di sogni e, stranamente, con la volontà intatta. Vuole «ritrovarsi». Abbiamo fatto poca fatica ad aiutarlo. Come nel 1985 entrò a capofitto nella roba, così nel 1989, con un gran colpo di reni, decise di uscirne.

Nell'inverno del 1991 iniziano forti formicolii alla mano sinistra, poi al braccio e poi alla parte sinistra della testa. Era, mi ricordo, attorno alle feste di Natale. Andrea, impegnatissimo sul computer, stava impostando alcune composizioni grafiche, suo pallino. Gli si bloccò la mano. Lo portammo subito al «San Raffaele». Furono i primi segni del maledetto male che ce lo rubò in pochi mesi.

Il 2 gennaio 1992 fu ricoverato all'ospedale di Garbagnate. Vi rimase 50 giorni. Uscì quasi cadavere. Mi ricordava, non so perché, Lazzaro del Vangelo. Traballava, ti guardava con quei due occhioni che ti facevano struggere. Era una manciata di carne e ossa. Eppure, uscito dopo quella terribile malattia, si fece portare in cascina, nel suo angolo del computer, e lì, con una sola mano, componeva, ricomponeva, si arrabbiava, si godeva.

Quand'era stanco di lavorare al computer, disegnava. Quand'era stanco di disegnare, scriveva poesie. Eccone una, di quel tragico periodo 1992. Porta vicino ai versi l'ora nella quale furono scritti. Era un venerdì; ora d'inizio 11,51; ora della fine: 13,10. Così tanto tempo per scrivere poche righe; non perché gli mancava la fantasia, ma perché il sudore, la stanchezza lo divoravano. Il titolo è: «Dialogo con una morte a colori».

«È bello anche quando sono solo,
anche senza speranza nel cuore, mi aiuti a volare.
Volo verso orizzonti colorati,
giocando ad amare ed a scoprire.
Sì! Scoprire una meta senza fine:
il paese dei colori e della musica,
colori vivaci che penetrano negli occhi.
Poi, volando, ascoltare una musica.
Melodie di suoni colorati.
Tutto deve essere colorato per essere felici,
per volare, per suonare e per amare.
Non lascerei mai il paese senza fine.
Là troverei la felicità, il volo, la solitudine, l'amore.
Perché tutto è calmo, tutto è colorato
tutto è armonioso, tutto è da amare.
Verso il paese dei pifferai tutto è splendido,
tutto è pittoresco, tutto è indistruggibile,
tutto è infinito, tutto durerà in eterno».

Qualche giorno dopo entra a Villa Turro, nel reparto per ammalati di AIDS. Si aggrava ulteriormente. Una sera tardi, mi telefonano che Andrea era in fin di vita e che aveva chiesto di me, per confessarsi. Ricordo come fosse ora, perché fu una giornata piena di dolori.

Due altri ragazzi, in una comunità sul lago di Garda, quasi in fin di vita; uno dei quali divorato contemporaneamente da un tumore. Una ragazza che mi faceva impazzire perché, incinta, non voleva smettere di farsi, scappando due giorni su tre; i debiti, che di tanto in tanto mi perseguitano, proprio quel giorno si erano fatti vivi... Una comunità al Sud Italia che non andava bene. A notte la telefonata per conto di Andrea.

Mi inginocchiai ai piedi del letto e quasi gridando dissi: «Caro Padre eterno, io da Andrea non ci vado; non ci vado, hai capito?!? Tu me lo porti qua, se sei mio e suo Padre altrimenti significa che del male, del dolore, della disperazione dei tuoi figli, a Te, non te ne importa niente...».

Mi spaventai, per ciò che avevo detto a mio Padre. In certi momenti anche i preti perdono la serenità. Era notte, lavorai per alcune ore. Al mattino, durante la Messa, in modo più educato, ripresi la stessa preghiera. Eravamo nella Settimana santa.

La notte del Sabato santo, la RAI diffuse una puntata speciale del programma «Il coraggio di vivere», che chiamò: «62 ore per la vita». Da uno studio allestito nel cortile della nostra cascina, sotto un tendone, trasmise canti, dibattiti, scambi di esperienze tra comunità ed episodi toccanti, come sempre fece quel programma. Noi di Exodus, insieme ad un gruppo di amici di CL e ad altri, proseguimmo la veglia, pregando.

Il programma televisivo riprese anche il giorno di Pasqua. Fu proprio la mattina di Pasqua che, ad un tratto, mentre celebravo la Messa dell'alleluia, vidi sotto il tendone Andrea, tra la gente. Mio Padre aveva risposto alla poca fede del prete. L'abbracciai delicatamente. Mi sembrava un'ombra, tanto era esile, allampanato. Mi rimproverò perché avevo raccontato di lui (in quei giorni l'episodio della mia litigata con il Padre Eterno l'avevo divulgato in RAI). Il suo rimprovero fu dolce, come ormai da mesi era dolce tutto il suo modo di fare. Gli spiegai la mia sofferenza. Sorrise, sorridemmo tutti e due. Gli feci il segno della croce sulla fronte: «Dio è più grande di tutti i nostri peccati». (Fu l'ultimo sorriso che fece, con me).

Il 14 maggio iniziò la sua ultima stazione della via

crucis: toxoplasmosi. Morì totalmente paralizzato. Tanto è sconvolgente la capacità di perdonare di Dio, altrettanto è sconvolgente l'impossibilità di perdonare da parte della natura.

Mi sono capitate tra le mani, in questi giorni, alcune poesie di Turoldo. Leggo, anche lì, i segni di questo grande sconcerto.

«La profezia è spenta
la poesia è muta
la musica un urlo...
Dio non c'è nel nuovo Caos:
non più lo Spirito
si libra su questi abissi
a guidare l'esodo
verso le nuove Forme:
la Bellezza è stata sconfitta!
Siamo tutti sul palco
straccioni
sporchi
insanguinati!
E ridiamo».

Non so, forse queste pagine dovrebbero essere più cristiane, più irrorate di speranza e di trascendenza. È vero.

Ma è anche vero che in questa società, i segni della morte e della sconfitta, vengono sepolti, cretinamente, da quattro salti in discoteca, dalla 205 Peugeot, dalla televisione a colori, dal fracasso che ci portiamo dentro, quasi unico vero compagno di vita. Non ho voluto analizzare perché Andrea, nel momento più bello della sua vita, quello dell'innamoramento con Monica, ha incontrato la «polvere mortale». Non mi interessa. Un solo messaggio mi preme lanciare a me e agli altri: niente colma la solitudine del nostro cuore. Solo se questa solitudine diventa virtù è possibile vivere. Andrea, a modo suo, ce l'ha detto nei versi sopra:

«È bello anche quando sono solo,
anche senza speranza nel cuore,
mi aiuti a volare...».

Si è accorto troppo tardi, povero Andrea. Ha voluto che cantassimo al suo funerale: che la sua bara fosse piena di firme, di colori. Ha voluto Mozart... Ci è volato via, dalle mani...

Caro Andrea, ti scrivo

Caro Andrea, un uomo scendeva da Gerusalemme a Gerico e incappò nei ladroni che lo lasciarono mezzo morto. Passarono di lì un sacerdote e un levita. Tirarono dritto. Passò di lì un samaritano e si prese cura di lui.

Abbiamo riflettuto, spero, sul perché solo il samaritano? un quasi nemico dei Giudei, si fosse fermato...

Ti vorrei proporre altre versioni, più moderne, di questa parabola. Diamo per scontato l'uomo mezzo morto.

«Passò un sacerdote, lo vide e andò oltre. Poi, riflettendo sulle conseguenze che ne sarebbero derivate, se la notizia fosse trapelata, tornò indietro e, a malavoglia, se ne prese cura.

Il giorno dopo fu la stessa cosa. Al terzo giorno, un po' sconcertato, soccorse il poverello, ma nel frattempo maturò l'idea di allestire una piccola pensioncina, sul luogo, per dare refrigerio ai mezzi morti».

Fu così che molti preti ... dimenticarono di essere tali per diventare gestori di attività cosiddette sociali.

Una terza versione, ce la riporta Gibran. Il mezzo morto si rivelò essere il diavolo: «Padre Sam'an si fermò confuso, guardò l'uomo che si stava lamentando e pensò: "È un maledetto ladro che avrà cercato di assalire dei passanti e ha ricevuto il benservito. Se morisse, e io fossi al suo fianco, mi graverei di una colpa che non possiedo". Pensò queste cose proseguendo per la sua strada, ma il ferito lo chiamò ancora: "Non andare via! Mi conosci e io conosco te. Sto morendo!". Padre Sam'an si avvicinò al moribondo, si chinò su di lui per osservarlo da vicino, si trovò di fronte un volto dai lineamenti strani, i cui tratti mostravano intelligenza e furbizia, un volto orribile che rivelava malizia e gentilezza, al che indietreggiò chiedendo: "Chi sei?". Una voce flebile gli rispose: "Non temermi, siamo amici dai tempi dei tempi. Aiutami ad alzarmi, portami al ruscello qui vicino e lavami le ferite con il tuo fazzoletto". Il padre esclamò: "Dimmi chi sei! Non ti conosco, non ricordo d'averti mai incontrato in vita mia!". Il ferito con la voce strozzata, rispose: "Sai perfettamente chi sono, mi hai visto centinaia di volte in centinaia di luoghi. Sono colui che avvicina a te gli uomini, sono ciò che hai di più prezioso...". Il padre gridò: "Sei un perfido bugiardo, e la tua condizione attuale te la sei meritata, non ho mai visto il tuo volto in vita mia. Dimmi chi sei altrimenti ti lascerò morire dissanguato". L'altro cercò di muoversi, guardò fisso il padre ammiccando un sorriso, e con voce calma e suadente disse: "Sono il demonio. Sono il padre e la madre del peccato e se il peccato sopravvive, la lotta per sconfiggerlo continuerà e tu, i tuoi figli e i tuoi nipoti, i tuoi colleghi continuerete ad avere ragione di vita. Sono il padre e la madre del peccato e tu vorresti morire con la mia morte? Vuoi forse fermare l'attività umana con il fermarsi del mio cuore? Vuoi forse eliminare la causa per eliminare l'effetto? Io sono la causa prima. Vuoi forse farmi morire in questo deserto? Aiutami, teologo, vuoi forse porre fine al legame primigenio che ci unisce?". Il demonio distese le braccia e trasse un lungo sospiro. "Avvicinati, fratello! Suvvia portami a casa tua, non sono poi così pesante. La sera ha oscurato la valle dopo che ho sacrificato metà del mio sangue sul suo selciato". Padre Sam'an si avvicinò al demonio, lo caricò sulla schiena e si mise in cammino».

Sono tre situazioni, nelle quali è facile trovarsi.

Nella prima, quella evangelica, risulta evidente l'incapacità di far sintesi tra il servizio a Dio e quello ai fratelli.

A chi il primato? Come se, proprio Cristo non avesse detto «Ciò che fate al più piccolo lo fate a me».

Nella seconda, interessi e carità pelosa si confondono maldestramente. Vedi, tanti cattolici hanno iniziato a servire i poveri, fondando fraternità di accoglienza, movimenti a forte connotazione carismatica. Poi le regole, il burocratismo, la sicurezza economica e la comodità hanno fatto precipitare questi movimenti, in comitati di affari.

La terza situazione è la più raffinata. Già nelle lettere di Berlicche, Lewis l'aveva sottolineata.

Le forze del male riescono ad accecare anche i profeti. Protagonismo, perdita di trascendenza, sociologismo troppo lezioso, ideologia della chiacchiera, hanno fatto sì che giovani sacerdoti e baldi leviti rimanessero intrappolati nelle spire di diavoli sofisticatissimi.

Dentro qui ha allargato le sue trame Berlicche, per confondere Curdi e Albanesi, terzomondiali e meridionali, cattocomunisti ed economisti cattolici. Le Banche, sotto l'impulso di Berlicche, si sono autobeatificate, perché capaci di elargire pochi milioni a fronte di masse imponenti di miliardi in investimenti equivoci. Mi fermo, perché hai capito. Preferisco, dopo averti propinato questo panorama macabro, dichiarare che nonostante tutto credo stia emergendo un grande desiderio di cambiamento. Vedo, perciò, una quarta posizione del Samaritano, l'unica vincente.

Tra i rami degli alberi che segnavano la strada, vi era nascosto non il ladrone che depredava e lasciava mezzi morti, ma il mandante, il suggeritore, l'ideologo.

Abbagliato da questo prete e da questo levita, un ennesimo mattino, dopo l'ennesimo mezzo morto, il mandante non ce la fece più. Scese dall'albero, abbracciò il prete e tra un singhiozzo e l'altro disse: «Hai vinto tu! È più giusto cambiare il mondo amando, che tentare di rovesciarlo, odiando. Sono dei tuoi!». C'è solo una strada per salvare i poveri: amarli più di noi stessi.

Gli otto valori

All'interno di questa società ci sono due grandi solitudini: la solitudine della famiglia e la solitudine della scuola. E più citiamo le famiglie, più citiamo la scuola, più queste due istituzioni sono sole perché, mentre le nominiamo, tendiamo a svuotarle del valore, criticandole, distruggendole, approvando leggi contro di esse, facendo della burocrazia la loro morte.

Con un movimento tipico della nostra società noi poniamo i grandi problemi e al tempo stesso li annulliamo, citiamo (fra le altre) la grande istituzione della famiglia e poi la destabilizziamo con una legislazione che non la tutela, la banalizziamo – non c'è rivista che non riporti interviste nelle quali si afferma che la famiglia sta perdendo valore – e sono pochi coloro che concretamente si muovono affinché questo non avvenga.

Continuiamo a declamare l'importanza della scuola e nel contempo è difficile sentir parlare bene della scuola italiana ed è sempre più faticoso parlarne bene, perché occorre assumere posizioni che vengono etichettate come integralistiche o di retroguardia.

Nella nostra società, dunque, queste due istituzioni sono sole, tremendamente sole, e sono anche divise al loro interno. Non voglio con ciò essere pessimista. Tuttavia dobbiamo cercare tutti insieme di aiutare la famiglia a vivere, ad essere nuovamente stimata e valorizzata. Anche la scuola deve ritornare ad avere l'importanza che le compete, perché senza famiglia e senza scuola la società non cresce (crescerà l'economia, cresceranno le macchine, cresceranno le autostrade), perché la prima ne è un po' il cuore e la seconda la testa. Un corpo senza cuore e senza testa sarà un manichino, un nuovo Pinocchio, non un essere vivente.

Come educare

Mi sono chiesto spesso come educare in tali fondamentali agenzie istituzionali della nostra società. Vorrei che ci pensassimo più genitori che insegnanti, per vedere quali sono le strategie e gli strumenti che predispongono un'adolescenza serena. Ho elaborato una scaletta con otto requisiti per un'adolescenza serena:

l'autorevolezza;
il senso del rischio;
la non-violenza;
la trasparenza;
l'essenzialità;
la solidarietà e l'altruismo;
la riflessione;
la gratuità.

Questi requisiti sono delle virtù naturali che in qualche modo ci aiutano a crescere. Prima ci sforziamo di inculcare queste doti in noi e negli altri, meglio è.

L'autorevolezza

Ho messo per prima l'autorevolezza, perché l'autorità è in crisi: senza questa grande qualità, l'autorità diventa uno strumento di potere e non di crescita. Con un'autorità senza autorevolezza un popolo non diventa comunità, non diventa società, non si matura, non si confronta. Come è possibile che un bambino si confronti con l'adulto e che l'adulto non sia solo l'immagine dell'autorità, ma sia soprattutto l'immagine dell'autorevolezza?

È infatti soltanto nel confronto delle due storie, una ricca di esperienza e una ricca di curiosità, una storia lunga e una breve, che avviene la reciproca maturazione. Con il '68 noi abbiamo defenestrato l'autorità, ma non abbiamo recuperato una presenza di adulto che, non essendo più autoritario, potesse in qualche modo rimanere credibile.

Ci siamo lasciati tentare dal giovanilismo: i giovani erano tali perché giovani e noi, gli adulti, perché ci era più comodo atteggiarci da giovani. Non c'è stato il confronto tra le due generazioni. Nessuno ha trasmesso la ricchezza di cui era portatore. Ciascuno ha preferito camuffarsi: l'adulto dietro i suoi egoismi, assumendo delle maschere, e i giovani, non avendo avuto questo confronto, giocando con la loro giovinezza.

Molti giovani in crisi profonda vanno magari a cercare una Paternità, un Adulto che è aldilà della storia, fanno delle domande a Chi ancora non conoscono, perché noi, come adulti, non siamo capaci di porre loro delle domande forti e di dare loro delle testimonianze vere.

Abbiamo vergogna a dire cose che non fanno male ai giovani; possono far male se le poniamo come un precetto, non fanno mai male se le poniamo come una domanda. Mi sono accorto che un gruppo di tossicodipendenti pensava a Dio più di quanto supponessi. Allora è necessario che noi adulti ci si metta di fronte ai giovani con autorevolezza e umiltà. La nostra non è la storia del mondo ma è altrettanto importante perché è la storia di un uomo. E un uomo può valere tutta la storia.

Il senso del rischio

Educare ed educarci al rischio. Pongo questo requisito prima dell'adolescenza, perché è chiaro che l'adolescente rischia, che non ha voglia di fare la vita banale, piatta; l'adolescente di per sé è portato a compiere qualcosa di utopico.

È importante educare il più presto possibile i bambini al rischio, alla fatica, alle cose difficili. Educare al rischio, alle cose difficili è una grande strada maestra, un grande noviziato. Se non educhiamo al rischio, non costruiamo caratteri forti, costruiamo invece caratteri deboli, sempre bisognosi di protezione, che non fanno dell'avventura il sale della loro vita, una strada normale da battere. Il ragazzo che non ama l'avventura, che non ama il rischio, che non fa le cose difficili, sarà un ragazzo che, quando incontrerà le situazioni difficili, non sarà in grado di affrontarle.

È importante che i ragazzi già da piccoli siano esercitati a scegliere, non solo tra il male e il bene, ma anche tra il bene e il meglio, tra una cosa difficile ed una più difficile ancora. Non è detto che si debba sempre scegliere tra il bene e il male: questa è una visione distorta della vita; moltissime volte noi ci troviamo a scegliere tra il bene e il meglio, fra una cosa che si potrebbe fare, e che è a rischio, ed un'altra che è ancora più rischiosa. Quasi sempre scegliamo quella più piatta perché siamo figli di un'educazione sbagliata. Se fin da piccoli noi fossimo stati educati a rischiare, probabilmente saremmo più creativi, saremmo meno borghesi. Essere borghesi non significa avere più soldi, significa essere incapaci di sognare, di rischiare, di compiere cose non del tutto protette, di fare cose creative. Diventa fondamentale, dunque, educare i nostri figli ad affrontare cose difficili e possibilmente affrontarle insieme.

La non-violenza

Sempre più questo aspetto mi sembra fondamentale, anche perché mai società è stata così violenta come la nostra. Abbiamo sempre pensato che violenza significhi «guerra», «prepotenza»; c'è una violenza che cammina dentro le istituzioni – dentro la famiglia, la scuola, l'amicizia, il matrimonio – ed è una violenza raffinatissima, che è fatta di ricatti, di non riconoscimento dei diritti degli altri, di intolleranza e di emarginazione.

Si parla di intolleranza verso i terzomondiali: nessuno la userebbe nei loro confronti se non la usasse prima nei confronti del proprio coniuge o dei figli. Nel caso dei terzomondiali l'intolleranza appare eclatante, ma nessuno diventa intollerante in un colpo solo: è difficilissimo essere tolleranti, perché ci vogliono molta pazienza, molta saggezza, bisogna entrare nella cultura dell'altro e rispettarla.

C'è una forma di violenza che passa con raffinatezza e che assumiamo a volte anche inconsciamente; con il tempo essa diventa una cappa di piombo dentro al nostro cuore, rendendolo incapace di accettare la gente così com'è.

Noi dobbiamo essere capaci di educare i nostri figli ad una tolleranza che, in alcuni casi, può sembrare «manica larga», può sfiorare il «lasciar correre»: io chiamerei tutto questo «non-violenza», capacità di accogliere gli altri con la loro ricchezza, la loro cultura, i loro limiti, per quello che sono.

In fondo noi non ce l'abbiamo con quelli del sud perché lavorano poco, ma perché hanno una cultura diversa dalla nostra.

Questo è l'aspetto esteriore della non-violenza; poi c'è la non-violenza fatta di dolcezza, di mitezza, di tenerezza, di interiorità... L'abbiamo dimenticata?

La trasparenza

Anche questa è una delle ambiguità della strana società, che quanto più è trasparente, tanto più è equivoca, più citiamo la trasparenza e più sappiamo che non c'è.

I nostri giornali o telegiornali sono fatti, secondo i redattori, con linguaggio chiaro, preciso. Anche le dichiarazioni dei politici, che in genere vengono lette, sono costituite da vocaboli chiari, talmente chiari da essere l'immagine della non-trasparenza, perché quei vocaboli possono dire molte cose. Tuttavia noi ascoltiamo quel messaggio non trasparente. Ci siamo abituati ad usare le parole sempre con un secondo significato, e questo i nostri figli lo hanno capito. Continuamente citiamo la solidarietà, il territorio, l'integrazione degli handicappati, la prevenzione, ma mi domando che cosa si nasconda dietro queste parole.

Quasi sempre la chiave di lettura di queste parole è il nostro egoismo. Purtroppo accade spesso che anche in casa si usi un linguaggio non trasparente, adoperando dei vocaboli che non aiutano a chiarire i rapporti ma piuttosto li obnubilano e li offuscano. Gibran immagina questa scena, molto efficace, che riprendo.

«Mi chiedi in quale modo io sia divenuto folle. Accadde così. Un giorno, assai prima che molti dèi fossero generati, mi svegliai da un sonno profondo e mi accorsi che erano state rubate tutte le mie maschere – le sette maschere che in sette vite avevo forgiato e indossato –; e senza maschera corsi per le vie affollate gridando: "Ladri, ladri, maledetti ladri". Ridevano di me uomini e donne, e alcuni si precipitarono alle loro case, per paura di me. E quando giunsi nella piazza del mercato, un giovane dal tetto di una casa gridò: "È un folle". Volsi gli occhi in alto per guardarlo; per la prima volta il sole mi baciò il volto, il mio volto nudo. Il sole baciava per la prima volta il mio viso scoperto e la mia anima avvampava d'amore per il sole, e non rimpiangevo più le mie maschere. E come in trance gridai: "Benedetti, benedetti i ladri che hanno rubato le maschere"».

L'essenzialità

Dobbiamo educare i nostri figli all'essenzialità, cioè a scegliere tra diverse priorità, imparando a mettere in ordine, tra tutto ciò che possiedono, le cose che valgono di più e quelle che valgono meno, quelle di cui non si può fare a meno e quelle che sono superflue o non indispensabili. Per esempio, tutti i problemi che nascono il sabato sera potrebbero essere risolti se ci fosse un'educazione all'essenzialità: se è essenziale, prioritario, andare a divertirsi, è inutile discutere se andare in macchina o no, se chiudere le discoteche alle due o a mezzanotte. Se per un giovane il primo valore è il divertimento, c'è poco da discutere. Fino a quando non maturerà e porterà questo valore dal primo al quinto posto, non c'è nulla da fare. Probabilmente la scaletta delle priorità è sbagliata, ma quando si arriva a diciotto anni diventa difficile rimettere in discussione le cose sbagliate.

È drammatico: noi abbiamo messo le cose superflue ai primi posti nelle priorità. È più importante avere la macchina che essere un buon marito, un buon figlio, un buon operaio, un buon cittadino. Se un ragazzo tossicodipendente possiede questa scaletta sbagliata, io posso fare tutte le discussioni che voglio rispetto alla droga, ma per lui la «roba» avrà il primo posto. Ecco perché è indispensabile elaborare prima dell'adolescenza una strategia globale. Arrivati all'adolescenza con queste strade sbagliate, la fatica è immensa e la revisione poco probabile.

Solidarietà e altruismo

Solidarietà significa alternativa all'egoismo: sono capace di essere «solidale con» se dimentico i miei problemi e riesco a condividere i problemi degli altri. Noi siamo abituati a misurare tutto con il metro del nostro egoismo: eppure non si è mai parlato tanto di solidarietà come oggi. Come è possibile questo?

Io traduco sempre la parabola del ricco Epulone in chiave di solidarietà. Il ricco, finito di mangiare, disse al capo dei servi: «Ti raccomando, le briciole a Lazzaro!».

Credo che la solidarietà oggi in Italia sia questa: non diamo più che delle briciole e più briciole diamo, più parliamo di solidarietà.

Molti, o quasi tutti, in questo si ritengono solidali. L'imprenditore che a Natale spedisce panettoni alle comunità per tossicodipendenti; l'autista che in attesa del verde, allunga le mille lire al lavavetri di colore; la signora di buona famiglia che spedisce vaglia postali ai fratini di Sant'Antonio; il giovane che dà qualche ora per settimana alla cooperativa di lavoro per handicappati; le fanciulline che saltellano la vigilia delle feste da un ospizio all'altro per consolare i vecchietti. Mezzo mondo può iscriversi a questo «club del sovrappiù».

Secondo l'enciclica *Sollicitudo rei socialis* non è troppo arduo pensare che sono cinque le virtù cardinali del cristiano: «Prudenza, Giustizia, Fortezza, Temperanza e Solidarietà». È questo fenomenale salto di qualità che obbliga ognuno di noi a rivedere un po' la propria vita. Molti Santi canonizzati dalla Chiesa offrono mirabili testimonianze di solidarietà e possono servire da esempio nelle difficili circostanze presenti. Fra tutti, desidero ricordare San Pietro Claver, con il suo servizio agli schiavi di Cartagena de Indias, e San Massimiliano Maria Kolbe, con l'offerta della sua vita in favore di un prigioniero a lui sconosciuto nel campo di concentramento di Auschwitz-Oswiecim. I tre gradi della solidarietà si intersecano e si completano. È chiaro che il salto del «cristiano» del terzo grado, illumina e rovescia tutta la nostra vita. Ed è anche alla luce di questa «solidarietà virtù cristiana» che vanno riviste le nostre strutture ed istituzioni nate per «servire i poveri». Diventa sempre più difficile coniugare le esigenze istituzionali, legali, contrattuali, ad ogni costo, con le richieste forti di radicale cambiamento di mentalità, di snellimento, sburocratizzazione, disponibilità che rientrano nei reali servizi ai poveri. L'impegno dei cristiani, in significativa convergenza con tutti gli uomini di buona volontà, potrà immettere un'anima spirituale e un saldo fondamento etico nelle decisioni e istituzioni economiche e politiche, nazionali e internazionali, necessarie nel prossimo futuro. Operare in questa direzione è offrire il proprio contributo alla «civiltà nuova dell'amore». Sono questi i punti cardinali dentro i quali dobbiamo muoverci per maturarci con i poveri per un lavoro giusto, per una qualità della vita «più abbondante» per creare istituzioni ricche di opportunità e libertà, dai lacciuoli, dai falsi garantismi, convergenti sempre nella parte più forte.

La riflessione

Credo che un altro requisito che dobbiamo inculcare ai nostri figli, ma anche in noi stessi, sia la riflessione. Quanti di noi riescono a darsi qualche minuto di silenzio nel corso della giornata? Non è possibile diventare grandi se non sappiamo vivere in silenzio, accontentandoci di un'esistenza dove non c'è vita, non c'è vera parola, non c'è serietà, non c'è verità, non c'è niente. Il silenzio è indispensabile come la zolla arata per il seme.

Siamo in una società che ha radiato il silenzio: la televisione funziona ventiquattro ore al giorno, perché altrimenti la donna di casa si sente sola; i nostri figli riescono a studiare con la radio nelle orecchie; si vedono uomini maturi che guidano l'automobile con la radio in cuffia. Si ha l'impressione che non solo i giovani ma anche gli adulti abbiano paura del silenzio come una volta si aveva paura del buio. In un attimo di silenzio, in cui tutto si stacca, noi potremmo sentire qualche cosa che batte dentro. Dobbiamo sentire di che cosa siamo fatti e se siamo «noi stessi». Occorre studiare e analizzare con molta attenzione il momento strategico della pre-adolescenza. Nella consapevolezza però che un'azione efficace in tal senso non riguarda solo le istituzioni ma soprattutto l'individuazione di nuovi autentici valori su cui fondare lo sviluppo della società, la convivenza civile, la crescita di ogni uomo.

La gratuità

Molti di noi conoscono il famosissimo proverbio: «meglio un uovo oggi che una gallina domani». Era uno dei proverbi-chiave dei nostri nonni. A quei tempi, avere un uovo era più importante che avere una gallina. Perché l'uovo ti permetteva di vivere ogni giorno e la gallina te la potevi permettere a Natale e a Pasqua.

È sintetizzata, in questo proverbio, tutta la strategia politica (si direbbe oggi) dei contadini del secondo dopoguerra. Nel 1945 si era di fronte ad un'Europa distrutta e fumante; alla desolazione e alle lunghe file di soldati tedeschi in ritirata: povertà indescrivibile, fame arretrata e indomabile. Un uovo significava rubare al suolo e alle pietre tutto e solo quel poco che giornalmente ti potessero dare. Sognare la gallina era proibito. Le galline dovevano fare uova, tante uova. Gli uomini, le donne, curvi sulle zolle, dall'alba al tramonto inoltrato dovevano arare, seminare, estirpare erbacce, sudare. È stato questo lavorare costante e testardo che in pochi anni ha permesso la ricostruzione.

Metro dopo metro, casa dopo casa, villaggio dopo villaggio, l'Europa occidentale è tornata a vivere, a crescere. Parlare oggi di uova, di galline, ha un sapore arcaico e bucolico, completamente diverso da allora. Oggi abbiamo uova e galline; vogliamo le une e le altre. Abbiamo trasformato le uova in oro e le galline in aziende mondiali di carne.

La velocità del cambiamento è stata così sconvolgente da non permetterci nemmeno di riflettere sul rovesciamento dei valori. E il proverbio, pietra d'angolo della società degli Anni '50, è declassato a simbolo del più bieco degli egoismi.

Oggi abbiamo galline sofisticatissime, legali e illegali, che sfornano miliardi di lire; e a malapena lasciamo qualche uovo (più o meno sano) ai poverelli che arrivano sul nostro suolo. L'egoismo patologico non ci permette di ricordare la nostra fame di ieri. Vogliamo il tutto e il poco; il grande e il piccolo; il banale e il serio; il nostro e l'altrui.

Ci buttiamo bramosi sul mondo, con la convinzione che a chi ha debba essere dato anche il poco di chi non ha. Sarebbe un grande segnale di maturità se formulassimo il proverbio in modo quasi rovesciato: «Accontentiamoci della gallina, lasciamo agli altri almeno l'uovo». Si innesterebbe quel processo di pazienza che da tempo abbiamo cancellato dalle nostre giornate. La gallina domani, significa: saper progettare, saper condividere, non bramare la totalità delle cose che madre natura o la tecnologia ci offrono. Lasciare le uova ad altri, significa: passare dalla politica delle briciole ai poveri, alla politica della condivisione con gli ultimi. Rimarremo sempre padroni delle galline, ma un po' meno ricchi epuloni.

L'ex-sindaco di New York, La Guardia, racconta un curioso aneddoto. Un giorno egli si sostituì, come ogni tanto gli piaceva fare, al giudice. Era una fredda giornata d'inverno. Nell'aula venne introdotto un vecchio, tremante per la paura. Imputazione: furto di una gallina.

L'imputato si giustificò dicendo che la sua famiglia stava morendo di fame. «La devo punire», dichiarò La Guardia. «La legge non ammette eccezioni. La devo condannare a una multa di dieci dollari». Poi infilò la mano in tasca e aggiunse: «Eccole i dieci dollari per pagare la multa. Ora però – continuò a voce alta – condanno ciascuno dei presenti in quest'aula al pagamento di una multa di cinquanta cents, con l'imputazione di abitare in una città in cui una persona deve rubare una gallina per poter mangiare! Agente, incassi subito questa multa e consegni i soldi all'imputato!». Il cappello fece il giro e il vecchio, incredulo, uscì dall'aula con quarantasette dollari e cinquanta cents. Non dovremmo essere puniti noi, i sazi, che viviamo in un mondo in cui muoiono di fame ogni anno milioni di persone, alle quali basterebbe solo un uovo?

Questi sono otto requisiti che dovrebbero orientare l'azione educativa nei confronti dei pre-adolescenti, perché senza di essi non è possibile impostare seriamente un carattere, un giovane, un uomo. Se non abbiamo questi requisiti non abbiamo neanche una personalità in grado di affrontare un dolore, una fatica, una disgrazia, una sconfitta, una bocciatura. Succede allora che il ragazzino che non ottiene il motorino, si suicida; uno che prende cinque in matematica si getta dalla finestra; il bocciato scappa di casa; al primo approccio di un compagno che offre «qualcosa» nostro figlio non è capace di rifiutare, e prova.

E lasciarsi convincere dalla speranza

Cari genitori, avete mille ragioni per disperarvi e ne avete altrettante per chiedere aiuto. Sappiate che vi sono tantissimi genitori nelle vostre condizioni, forse, messi anche peggio di voi. Una cosa che non dovete fare è uccidere.

La morte non è una soluzione. In questi giorni mi ha scritto una mamma, disperata come voi. Il figlio, che conosco bene, gliene ha combinate di tutti i colori.

Ha tentato più volte le strade che conoscete: comunità, carcere, estero, isolamento. È sempre ritornato sulla strada della droga. L'altro giorno, disperata, l'ha buttato fuori di casa. Ecco cosa mi ha scritto: «Caro don Antonio: sono la mamma di Walter e mi faccio viva con lei per riferirle un fatto straordinario che mi ha colpito moltissimo.

Walter da due settimane ha cominciato a isolarsi completamente senza fare nulla per cercare di risollevarsi da questa sua depressione pericolosa. Nonostante i nostri sforzi per stimolarlo a reagire, lui rifiutava tutto e come previsto (mi angoscia il fatto che se avessi trovato le parole giuste forse lo avrei aiutato) questa domenica è arrivato il momento di rottura ed è andato a farsi, dicendomi che tanto lui non interessava a nessuno e che tanto valeva farla finita. Il lunedì, non accettando le nostre condizioni, ci siamo trovati costretti a metterlo di fronte alla sua responsabilità dicendogli che, se si voleva fare aiutare come si deve, poteva restare altrimenti era libero di scegliere la sua vita lontano da noi, ma che poteva tornare quando voleva essere aiutato; così, in malo modo, se ne è andato. Premetto una cosa, che io credo in Dio (anche se, Dio mi perdoni, mi rivolgo a Lui maggiormente nei momenti di bisogno, prego tutti i giorni che mi conceda questa grazia e che aiuti tutti i ragazzi che hanno questo problema, ma non sono una assidua praticante).

Ora arrivo al punto importante. Lunedì mattina praticamente Walter se ne è andato di casa con ancora l'eco delle nostre parole che gli dicevano che non l'avremmo certo cercato.

Lei può immaginare la nostra angoscia e il nostro stato d'animo. Inconsciamente mi sono messa a girare i soliti posti dove lui poteva essere, combattuta dal pensiero se fosse giusto o meno o se era meglio aspettare che fosse lui a farsi vivo. Niente – da nessuna parte – non sapeva niente nessuno. Il martedì mattina, abbastanza tristemente, scendo col cane e con la macchina vado a comperare il giornale e improvvisamente decido che per tornare a casa posso deviare in un'altra strada che non è mia abitudine percorrere, così, per rilassarmi e pensare, guidando tranquillamente, come un automa. All'improvviso getto un'occhiata alla mia destra e il cuore mi si ferma. Dentro un parcheggio vedo un viso esangue dentro la macchina. Mi blocco. Scendo di corsa, mi avvicino. È lui, mio figlio (sono convinta che una forza dall'alto mi abbia guidato lì) ha gli occhi un po' rivoltati indietro, la bocca bluastra come le unghie delle mani, ma respira.

È chiuso dall'interno e non risponde; chiedo aiuto a due passanti, che chiamino il 113. Nel frattempo continuo a chiamare, poi provo con le mie chiavi e (non so se è un altro aiuto di Dio) finalmente riesco ad aprire. Lo scuoto più volte – niente – intanto prego: "Mio Dio fa che non sia troppo tardi". L'autolettiga non arriva e io continuo a massaggiarlo e a scuoterlo, finalmente rinviene – accenna appena un sorriso e dice sottovoce "Mamma! Mi sento morire ma mi faccio forza, quella che ti viene quando sai che devi farcela". Lo rassicuro e gli dico "Va tutto bene"; intanto con un rapido sguardo noto la siringa che è caduta e il segno sul braccio col sangue già raggrumato e secco (segno questo che era in quelle condizioni da un po' di tempo).

Finalmente dopo mezz'ora arriva l'ambulanza. Lo portiamo al pronto soccorso, ci fanno attendere due ore. Poi dopo una visita sommaria ci dicono che ha superato la crisi e che possiamo tornare a casa.

Dopo averlo accudito e sistemato nel suo letto, sono uscita per recarmi in chiesa a parlare con Dio e a ringraziarlo ma purtroppo era chiusa e allora tornando sui miei passi mi sono lasciata andare a piangere da sola per strada; poi mi sono detta "Non serve", forza e coraggio, tieni duro. Solo così puoi tornare ad affrontare questo problema: cercando e annaspando per trovare il modo giusto per aiutare mio figlio e pregando Gesù di indicarmi la via giusta; per non commettere troppi errori come spesso succede a noi genitori anche se involontariamente... Mi scusi se mi sono dilungata ma avevo bisogno di parlare con un prete che potesse capire il problema e per sfogarmi un po'».

Fin qui la madre di Walter. L'amore di una madre è più grande di qualsiasi offesa. Attaccatevi anche voi all'amore e non all'odio. Morire o far morire così perché si è disperati non è da genitori. I genitori possono volere solo e sempre la vita dei loro figli, soprattutto dei figli peggiori e più deboli. Avete gridato, qualcuno vi ha ascoltato. Verrà a parlare con vostro figlio un giovane che ha combinato almeno altrettanti pasticci simili a quelli di Berto. Nessuno avrebbe scommesso una lira su di lui, tranne sua madre. Ed è vivo proprio per l'intuito e per l'amore di sua madre.

Hanno tentato di dissanguarlo. Ed è stato a quel punto che sua madre me l'ha portato. Mi sembrava, una volta ancora di vedere dal vivo la pietà di Michelangelo. Al posto del Cristo c'era Pericle e al posto della Madonna una madre distrutta ma non sconfitta. Ha vinto lei. Oggi Pericle è un educatore di comunità e, poiché è poco distante da voi ad Iglesias, verrà a parlare con Berto. Se l'amore muore anche nel cuore dei genitori, povero mondo!

Lo immaginate voi, un mondo, nel quale i genitori non amino più i loro figli peggiori? Il carcere, credetemi, non è una soluzione. Il carcere fomenta cattiveria e non risolve la tossicodipendenza. Lasciatevi convincere dalla speranza; come la mamma di Walter e di Pericle.

III.
USCITA DI SICUREZZA

Ho visto tanti lupi
travestiti da pecore;
ho visto tante pecore
mascherate da lupi.
Ho visto una grande colomba
scendere su pecore e lupi...
Quando ritornò in cielo
pecore e lupi divennero
ramoscelli d'ulivo.

(*don Antonio Mazzi*)

Lupi, agnelli, e colombe

Sui comodini delle mamme d'oggi ci sono tutte le ultime novità dei titoli, che insegnano come crescere i figli, da quando nascono a quando si sposano. Don Antonio Mazzi, traghettatore di giovani verso la solidità di una formazione – che non è mai un «optional» ma resta un dovere anche nel Duemila – racconta di sue esperienze con i genitori del tempo presente. Dice di imbattersi troppo spesso in modelli di carta patinata, suggeriti da copertine ammiccanti e da nomi di VIP. Stranamente, non si trova mai il proprio figlio dentro quei prototipi, considerati dai manuali dei nuovi precettori. Si pensa di aver letto, di aver appreso, poi però ci si trova disarmati: manca sempre la specificità del proprio figlio. Ed è giusto che sia così, che i figli rimangano un mistero. Un universo da esplorare: con rispetto, sempre con amore, ma anche avendo il coraggio di far crescere, di aiutare a portare a maturazione le qualità. E poi di spostarsi ai lati: un passaggio che è molto facile da dire ma arduo da tradurre nella pratica.

Star vicini ed essere ancora i genitori, lasciando che i figli sfondino il soffitto di casa, imboccando poi una loro strada. Mettersi lì accanto e comprendere. Con la pazienza, la saggezza, qualche volta con una lacrima in più. Ma è soltanto trovando questa posizione che si riuscirà ad essere – per i giovani – dei padri e delle madri che aiutano a crescere: non li si comprimerà; si cercherà anche di fare in modo che non scappino via, perché è importante che restino con le radici piantate in casa. La famiglia deve rimanere sempre un irrinunciabile simbolo per i ragazzi d'oggi e i giovani di domani: per maturare in un terreno di certezze, oltre la precarietà all'origine di tante insicurezze e sbandamenti, anche in soggetti apparentemente disinvolti e brillanti, ma quanto fragili, purtroppo!

Ci sono tre parole che don Mazzi non si stanca di indicare nella sua multiforme attività di educatore della strada, dalle stazioni alle periferie. Sono: la comunicazione, quindi il messaggio che fornisca una dritta e tracci prospettive; il futuro da costruire e la speranza da seminare e testimoniare. Il progetto di vita dei figli deve passare attraverso queste direzioni obbligate, sempre considerando singolarità e differenze, ma anche con fiducia. Troppe volte il nostro ragionamento è orizzontale: si perde, si gongola, si autocompiace, contento di sé ma dimentico di un filo decisivo che viene dall'alto. Non ne servono molti: uno solo, ma ci deve essere. C'è urgenza di punti di riferimento, si devono fornire proposte coerenti e credibili e su tutto stendere un collante sperimentato per tutti i possibili e immancabili cocci. È una parola che incombe con la maiuscola: Amore.

Prete da marciapiede

«Sono un uomo che ha scelto di diventar prete il giorno che si è accorto in maniera incoercibile della povertà, non solo materiale, che ci circonda e da allora fin qui ha sempre tentato di servire i poveri. Proprio i poveri mi hanno salvato e devo ringraziarli tantissimo di questo dono che mi hanno fatto e continuano a farmi».

Don Antonio Mazzi, classe 1929, ha sentito l'urgenza del fare, dell'impegnarsi, del coinvolgersi con i giovani, soprattutto quelli che fanno fatica. E sono tante le fatiche del tempo presente, fatiche sconosciute nel passato: si conosceva di meno, si soffriva di meno; c'erano meno libertà e quindi anche meno autonomie, meno rischi, meno pericoli. Sono venute meno molte certezze, è cresciuta la precarietà.

«Se continueranno così, i nostri giovani sviliranno quell'immensa forza propulsiva che pulsa dentro i loro cuori. I grandi educatori ci hanno sempre suggerito che un peccato va evitato a tutti i costi, con i giovani: è quello di chiedere loro troppo poco. Il giovane si nutre di eroismi, di sfide, di assoluti, di offerte totali. Arriverà il nuovo secolo e anziché presagirci un "autentico e nuovo umanesimo familiare, ispirato ai grandi valori della vita e dell'uomo", ci vedrà assistere impietriti allo spettacolo di giovani, felici perché fra una "canna" e l'altra potranno preparare un esame all'università. Il Duemila è alle porte. Stanno morendo profeti e aruspici. Non devono morire la democrazia, la civiltà e la fede. Per ridefinire scelte etiche e nuovi obiettivi politici non potremo più contare sulle viscere degli animali né su quelle dei computer. C'è una favola che racconta di una rana invidiosa della stazza di un vicino bue. Si diede da fare mangiando e bevendo per avvicinarsi a quelle misure. La fatica stava quasi per essere premiata. Peccato... sul più bello, la rana scoppiò. Il più grave peccato del nostro mondo sono la fame e la sete di porcherie che hanno enormemente gonfiato ognuno di noi. Se vogliamo avere meno bisogno di interpellare maghi e satrapi, accontentiamoci delle "misure" che il buon Dio ci ha dato».

Oggi ci sono famiglie sempre meno numerose. Meno figli e più coccolati che diventano adulti più in su negli anni e che sono più fragili e vulnerabili dei loro coetanei di 30-40 anni fa. Ci sono mamme che vanno in crisi se un figlio unico non si afferma, non sfonda, non diventa un campione.

«L'amore – spiega don Antonio, riprendendo fiato – non è un fiammifero che si accende e spegne con un soffio. L'amore è un incendio: sa trasformare un legno vecchio e nodoso in una torcia ardente, come tramutare un prato verde in cenere. La libertà fasulla, costruita artificialmente attorno all'amore, ha partorito solitudini sconfinate. Ed ecco, oggi, la libertà elemosinare affetto, chiedere rifugio, supplicare un focolare. Tardi. Nessuno più bada alle suppliche di tanti seni materni rinsecchiti».

Don Mazzi che percorre con calma ragionata i perché dei rapidi cambiamenti intervenuti è il fondatore di Exodus, un'iniziativa che dal 1984 viaggia verso il capolinea della libertà e che è un prezioso punto d'approdo per giovani che annaspano per le mille difficoltà del vivere, da quelle note ed esplorate a quelle insondabili. «Exodus» vuol dire un'irradiazione di 25 comunità, dalla Valtellina alla Sardegna e alla Sicilia; centri di orientamento e accoglienza, centri diurni, sedi di segretariato sociale, alloggi di reinserimento e strutture mobili un po' dappertutto, un migliaio di giovani accolti per rilanciare la vita e un futuro; un coinvolgimento di trecento volontari; una cinquantina di persone che lavorano a tempo nell'arcipelago della speranza e un bilancio che viaggia verso i sei miliardi e mezzo di lire, ai quali vanno aggiunti altri elevati costi per gestioni straordinarie e si arriva sui 12 miliardi e passa.

Ci sono i sussidi dello Stato, di 1,2 o 1,3 miliardi, dipende. Questi aiuti sono molto variabili, da regione a regione, e sono anche condizionanti. Ma, aldilà dei costi materiali, Exodus è un grande laboratorio pedagogico, una grande avventura. Più che parlare di bilancio e di cifre, don Mazzi preferisce parlare di un cammino, un esodo, appunto. E qui le persone liberate sono molte di più di quelle che sono rimaste nella schiavitù.

La permanenza nelle comunità si aggira sui due anni, trascorsi i quali, i ragazzi vengono dimessi, mandati a casa. Soltanto alcuni rimangono, decisi a fare i volontari. Solo dopo una serie di test e di verifiche, vengono scelti. A Exodus non vengono di solito accettati gli ex come responsabili di comunità. Vanno a casa tutti e in genere, fortunatamente, trovano presto un lavoro. Nell'ultimo periodo della Comunità si fa anche della formazione professionale, quindi vengono dati gli strumenti della professionalità. Il 35-40% degli «abitanti» di Exodus, dopo quattro-cinque anni sono del tutto ricostruiti, sani e tranquilli. C'è un altro 40% che non resta nel girone della tossicodipendenza, ma non ne viene fuori totalmente. E sono quelli che preoccupano di più il «don» biblico, perché fanno la danza delle comunità, tornano a casa, poi si «rifanno» e vanno in galera. Questi sono condannati al «limbo». La cifra più desolante e angosciosa è quel 20% che muore e che resta un tormento per Exodus e un rimorso per tutti.

Un luogo comune da sfatare è sui tempi dell'accoglienza in comunità. In due-tre settimane uno può cominciare il suo faticoso «tour» per uscire dal tunnel. E non c'è niente da pagare. A Exodus vanno i contributi pubblici, quando ci sono. Alcune regioni non danno niente, altre danno 35 mila lire al giorno per persona, altre 50 e altre ancora, come Lombardia e Veneto ne erogano 65. Stranezze della burocrazia: alcune regioni con 35 mila lire impediscono alle comunità di chiedere altri aiuti, per esempio ai genitori. Si calcoli che ogni ragazzo costa in media più di 100 mila lire al giorno. Se le comunità servono, anzi, sono indispensabili, occorre metterle in condizione di agire: inutile continuare a distribuire patenti di riconoscimento al merito e poi costringere al palo.

Il faticatore veronese, «don» da trent'anni, ha due verbi che non si stanca di coniugare e che ripete a tutti i suoi: cercare e seminare. Alla mietitura ci pensino pure gli altri. «La strada pedagogica che abbiamo da sempre intrapreso, ha pochi ingredienti artificiali e artificiosi. Il nostro metodo esige attenzione forte a quelle cose che lasciano profonde risonanze nella mente e nel cuore. Ora molto sta cambiando nelle metodologie d'approccio alle tossicodipendenze. Andare anziché aspettare; aprire anziché chiudere; personalizzare anziché pianificare, sono le nuove interessanti suggestioni che occupano le ultime strategie riguardo al recupero. Speriamo di poter continuare e confermarci con l'aiuto di Dio, della esperienza e della scienza, in quattro direzioni: convittualità, attività diurne, formazione professionale, accoglienza». E riassume la formula-Exodus così: «Strutture elastiche, porte aperte sempre, grande calore umano, amici che accolgano il disperato e lo assistano, rischi su tutto, nessun contratto sui tempi e sui programmi, pazienza infinita, fede nell'uomo che sta dentro anche al più distrutto degli uomini».

Il motivo, di una presenza e di un impegno, viene da lontano: «Io temo le soluzioni globali e articolate. Ho paura che ritorni ancora l'ideologia che abbiamo conosciuto in altri tempi. In secondo luogo urge che tutti noi adulti riprendiamo seriamente a fare il nostro mestiere. Il lassismo educativo, il menefreghismo totale, l'assenteismo nelle istituzioni pubbliche e private sono giunti a livelli tali da far inviperire gli onesti che ancora hanno il senso del dovere e dello Stato».

Don Mazzi non ama sfumare le parole e non manda a dire ciò che pensa: «Prendiamo la scuola. È piena di giovani. E i giovani sono a rischio rispetto alla droga. Pertanto: la scuola va riempita di serenità, di impegno, di fatica. Deve tornare alla gente. La scuola anonima, che distribuisce nozioni e basta, non serve. Da anni abbiamo sfregiato il volto della scuola, confinandola sempre più da luogo di educazione a luogo di mediocre istruzione. I nostri giovani non vivono solo di libri, di voti, di interrogazioni, ma di testimonianza, di armonia, di ricerca, di assoluto, di impegno forte e duraturo, di autodisciplina, anche di ascetica. La scuola non è niente di questo. Forse ne è addirittura la negazione».

In una società nella quale proliferano i lupi, don Antonio si schiera con la pecora, «animale sano e nobile» e spiega: «La pecora si nutre di poche erbe, abita ovili primitivi, dorme all'addiaccio. Dà tutto il meglio che ha: latte, formaggio, lana. La sua carne allieta i più bei giorni dell'anno. Il suo belato non disturba più di tanto: il suo musino ha lineamenti teneri. I suoi occhi chiedono solidarietà. Non disdegna il gruppo, gode d'avere un pastore, ascolta l'abbaiare del cane. Da giovanotto aborrivo questi gruppi, pigri e numerosi, che tagliavano le strade, ritardando i viaggi frettolosi in macchina. La mia vita, spesa tra i poveri, mi ha fatto capire che sbagliavo tutto. I poveri sono maestri meravigliosi, perché non sanno di esserlo. Mi hanno insegnato che i veri deboli sono i lupi, i leoni, le bestie feroci. Questi leoni abitano costosissimi recinti, sbuffano e soffiano come treni senza freni, spalancano bocche raccapriccianti anche se con dentiere milionarie. Per fare quattro salti abbisognano di gabbie rinforzate, tendoni, fanfare, televisioni. Pachidermi sfaticati, faticosamente fotogenici, inaffidabili, maleodoranti di divismo da baraccone. Sono questi a lungo andare i perdenti, i deboli, perché troppo pieni di sé, carichi di "paccottiglie" che imprigionano».

Stando al tema e all'immagine della pecora, don Mazzi si distende in una illuminante favoletta di Lessing.

La pecora aveva molto a patire da ogni sorta di animali. Così si presentò a Giove e lo pregò di alleviare la sua sventura. Giove sembrò disposto e disse alla pecora: «Mi avvedo, mia docile creatura, di averti plasmata un po' troppo indifesa. A te la scelta di come posso rimediare a questo errore nel migliore modo. Devo armare la tua bocca di formidabili zanne e i tuoi piedi di artigli?».

«Oh no – rispose la pecora – non voglio aver nulla in comune con gli animali da preda».

«Oppure – continuò Giove – devo metter veleno nella tua saliva?».

« Ahimè – replicò la pecora – i serpenti velenosi son già tanto odiati!».

«Che cosa devo fare allora? Ti pianterò delle corna in fronte e irrobustirò la tua nuca».

«Neanche, padre amoroso, così potrei facilmente dar di corna come il caprone».

«Eppure – riprese Giove – devi tu stessa poter recar danno, perché altri si guardino dal nuocerti».

«Dovrei far questo? – sospirò la pecora. – Oh, lasciami così come sono, perché la capacità di recar danno suscita, temo, la voglia di danneggiare. Ed è meglio subire ingiustizia che recarne».

I pilastri di Exodus sono l'attività di prevenzione e la flessibilità di percorsi formativi, che tengono conto delle diverse esigenze delle persone e delle famiglie bisognose di aiuto. Ed è proprio a partire da queste due caratteristiche che trova spiegazione il processo continuo di rinnovamento e di diversificazione che la struttura ha avviato dalla nascita ad oggi, cercando di curare in particolar modo i contatti con il territorio. Questa sorta di vocazione al viaggio, alla carovana itinerante, ha rappresentato una spinta alla realizzazione di nuovi servizi, accomunati da un'unica filosofia di fondo: la ricerca della persona disagiata, la ricerca di soggetti esclusi dalla comunità e soprattutto dai servizi sociali. Il viaggio nell'emarginazione completa, nella scoperta di sacche sociali lontane anche da quei servizi che sono istituzionalmente preposti a prestare assistenza, la ricerca del disadattamento, per certi versi anche più scomodo per l'istituzione, perché fonte di violenza quotidiana e di micro-delinquenza: queste sono le specificità che fanno di alcune unità create all'interno di Exodus delle punte di avanguardia di una comunità terapeutica e che proprio per questo motivo si collocano oltre il gruppo per divenire punto di raccordo con altre comunità e altre strutture preposte al recupero degli stati di tossicodipendenza e disagio sociale.

La sfida che Exodus lancia per la lotta agli stati di tossicodipendenza e di emarginazione grave è visibile a vari livelli: dalla presenza capillare di centri di ascolto e di segretariato sociale in punti nevralgici di alcune grandi città all'attenta e in certi casi addirittura frenetica attività di scambio con istituzioni, enti o aziende private, fino ad arrivare all'apertura provocatoria di strutture in zone geografiche delle città tradizionalmente luogo di ritrovo e di aggregazione di tossicodipendenti (da una ricerca di LABOS). Don Mazzi è chiaro: «Se non affrettiamo il passo, con iniziative mirate e che sappiano almeno accendere un qualche motivo di curiosità e di interesse nei giovani allo sbando, avremo fatalmente più morti, più flippati sulle piazze, più genitori disperati e forse più poliziotti alle calcagna».

Questo prete veronese «da marciapiede» – come si autodefinisce – che lavora senza guardare mai l'orologio, e per fortuna ha collaboratori che scrutano le lancette a nome suo, tiene le antenne ben diritte per captare in continuazione i segnali delle trasformazioni. «Se dieci anni fa i ragazzi sceglievano la via della droga perché "arrabbiati" con la società, oggi lo fanno per capriccio, come sballo cui hanno diritto. Prima era un segno di dolore, ora è il sintomo di una solitudine che è causata da una fragilità psicologica senza pari. E questo perché i giovani d'oggi nascono e crescono iperprotetti, non sono educati alle cose difficili, non sanno e non sentono parlare. E reagiscono nei modi più impensabili». Proprio grazie a questa sensibilità, don Mazzi ha capito che i tempi del pronto soccorso, dello stare in una saletta ad aspettare le chiamate di chi è nel bisogno, sono finiti o quasi. Oggi bisogna buttarsi, andare in cerca dei giovani con le gambe molli, offrir loro delle scialuppe, accendere un primo contatto, nella speranza che diventi legame e che possa incominciare un sodalizio per la ricostruzione. Sono decine, centinaia di contatti ogni giorno, nei punti più disparati, nei crocicchi caldi dell'emarginazione. Carlo Marrale, dei Matia Bazar ha definito don Mazzi «uno dei nuovi santi metropolitani». Lui getta l'amo dappertutto, fuori dalle stazioni principali d'Italia, puntando sulla forza di un volontariato che è la risorsa e la speranza più bella di questa epoca percorsa da bagliori di violenza e di morte, da inquietudini e angosce. I volontari di Exodus sono lì, mobilitati per dare una mano a chi annaspa, slitta, sprofonda. Cercano di riattizzare la brace in esistenze spente e demotivate.

Per Exodus, don Mazzi, ha voluto una componente precisa e marcante: la non-violenza, applicata anche all'area rieducativa. Si è rifatto a Gandhi, quando parlando di democrazia e di popolo diceva: «Ho sempre pensato che è impossibile ottenere la giustizia sociale, anche nei riguardi dei più umili e modesti, con la forza. Ho creduto possibile, grazie a un'adeguata educazione dei più umili ad un metodo non violento, assicurare la riparazione dei torti da loro subiti. Questo metodo è la non-collaborazione non-violenta. Talvolta la non-collaborazione diventa un dovere quanto la collaborazione. Nessuno è tenuto a collaborare alla propria rovina o al proprio asservimento. Non si può conservare la libertà ottenuta grazie allo sforzo di altri, per quanto benevoli essi siano, quando tale sforzo viene a cessare. In altre parole una libertà non è una vera libertà. Ma i più umili possono intuirne lo splendore, non appena imparano l'arte di conquistarla con la non-collaborazione non-violenta».

Il taglio della riflessione di Gandhi è politico, ma per don Mazzi traspare facilmente la possibile applicazione di tali princìpi in ambiti pedagogici: «Con Exodus tentiamo di affermare nei fatti che i tossicodipendenti possono essere aiutati a rinascere, a rivivere, senza troppe impalcature segreganti e, in parte, violente».

Accettato il rischio di una rieducazione non violenta, quali strumenti adeguati restano in mano agli operatori?

«Molti, ed ecco la seconda radice. Ad esempio: la parola, lo sport, l'avventura, il volontariato, la musica, il teatro, la formazione professionale. Ingenuità? Luoghi comuni? Sedimenti oratoriani? Incrostazioni scoutistiche? Non lo so. Mi pare, però, di ricordare una cosa: don Bosco riuscì, contro il parere della città di Torino e tra la meraviglia dei carcerieri, a portarsi a spasso l'intera popolazione giovanile delle carceri torinesi, forte del suo fascino e della sua fede. Eravamo nell'Ottocento. La libertà non va rimossa nemmeno durante la ricerca».

Don Antonio ritorna all'immagine della pecora per rendere l'idea.

«Una pecora scoprì un buco nel recinto e scivolò fuori. Era così felice di andarsene. Si allontanò molto e si perse. Si accorse allora di essere seguita da un lupo. Corse e corse, ma il lupo continuava ad inseguirla, finché il pastore arrivò e la salvò riportandola amorevolmente all'ovile. E nonostante che tutti l'incitassero a farlo, il pastore non volle riparare il buco nel recinto» (De Mello).

«Salvare le pecore, facendoci pecore – è la morale che trae il traghettatore di Exodus – è già un'ingenuità, ma salvare anche i "caproni" sempre restando pecore, pare sia un assurdo».

Il bello di questo sacerdote, immancabilmente in jeans e camicia (maglione dall'autunno alla primavera) è che non si stanca, che ogni giorno trova chissà dove e come delle nuove energie, che si ricarica d'entusiasmo e di fiducia per ricominciare, anche dai piedi della scala: «Far del bene ha sempre fatto bene. Di questi tempi, poi, può fare ancora meglio. Uno, quando apre gli occhi al mattino, deve poter vedere qualcosa, uno schermo. Vorrei svegliarmi un giorno ed essere libero... Anch'io vorrei tanto che il volo di Icaro servisse a noi per ritrovare la vita... la libertà. Talvolta è più facile volare che vivere; è più facile sopravvivere che vivere. Perché la vita è capacità di ricomporre pazientemente i pezzi frantumati alla ricerca di sentieri camuffati da libertà per poi fonderli dentro il riscoperto fuoco della verità». Lui, il prete-pastore, mite ma mai arrendevole, ci proietta sopra il suo messaggio: «È più facile attraversare l'oceano che il nostro cuore, ma è più importante attraversare il nostro cuore che non l'oceano».

IV.
VIAGGIO INTORNO ALL'EDUCAZIONE D'OGGI
Intervista con don Antonio Mazzi

L'albero della libertà

Vi sono maestri buoni e maestri cattivi. Ma per la norma che «la bontà non fa rumore e costa molto sacrificio», i maestri buoni vengono letteralmente dimenticati, salvo riesumazioni postume. Invece i cattivi, nonostante i disastri, godono di enormi spazi nella vita e nell'informazione quotidiana.

Dice Oscar Wilde: «Il vero scopo dell'educazione è l'amore della bellezza e i metodi coi quali l'educazione dovrebbe operare sono: lo sviluppo del temperamento, la cultura del gusto e la creazione dello spirito critico». Educazione, bellezza, temperamento, cultura, ottima quaterna.

Don Mazzi parte in quarta: «Reagisco, sempre, pensando allo spazio regalato a Marcuse, a Marlon Brando, a Moravia, a Maradona, a Sgarbi, alla Parietti. Riviste, giornali, televisioni pubbliche e private, libri interi inneggiano e hanno inneggiato a queste false divinità. Ognuno di questi signori, nel suo campo ha devastato valori, verità, saggezze. Solo una visione politica e storica monca e falsamente laicista può enfatizzare uomini ad una dimensione, impegnati a proporci una società senza vie d'uscita».

È anche vero che la società stessa sembra aver dato

loro credibilità e stima sconfinate, sicuramente sproporzionate. È difficile ammettere che tutti noi, siamo più interessati a costruire idoli e burattini che uomini veri. Fare l'uomo costa troppo, fare l'idolo o il burattino, costa solo un po' di fantasia e di superficialità.

«L'idolo Moravia – a giudizio di don Mazzi – doveva essere smantellato molto prima della sua morte. Non è sufficiente sfornare libri a rotta di collo, avere l'aggettivo facile, fare il critico d'arte di settimanali svenduti alla pseudocultura di regime. Egoismo, erotismo e qualunquismo sono mercanzie sempre in saldo, sono appetibili a tutti e la quantità delle vendite sopperisce alla qualità del prodotto».

Non occorre essere «maître à penser» per fare questo. Ci vuole il coraggio di dire basta a personaggi che cinicamente, con la connivenza dei mass-media, hanno proposto ai giovani una vita cosparsa di droga, paranoia sessuale e immanentismo suicida.

Bisognerà ricominciare con un'educazione dei figli più autentica, di sostanza più che di facciata. Troppi maestri di carta o di video, alleati alle migliaia di maestri fasulli che calcano le cattedre della scuola, faranno muro perché non avvengano cambiamenti dentro la coscienza della gente. Già a suo tempo Herman Hesse diceva: «La scuola è il solo problema moderno che io prenda sul serio e che ogni tanto mi provoca turbamento. In me la scuola ha distrutto parecchio, ed io conosco poche personalità di rilievo a cui non sia andata allo stesso modo. Lì io appresi soltanto latino e menzogne...».

Se cambierà la scuola, cambierà anche l'atmosfera culturale che respiriamo oggi. Occorrerà tirarsi fuori dalla sbornia di parole che ubriacano invece di dissetare. Il problema della chiarezza del linguaggio e della sua verità si è fatto più acuto in questi anni.

Mai così tante parole come oggi e mai una comunicazione tanto arida a tutti i livelli. I giovani subiscono i contraccolpi di questi fiumi di parole vuote e insipide...

«Ci parliamo addosso. Tante chiacchiere. Ne volano come coriandoli a carnevale. E ci accorgiamo sempre più, in questo nostro tempo, che l'adolescente perde l'uso della parola. Non vuole più essere la persona del giorno prima e non vuole più parlare come il giorno prima.

Quell'adolescente che perde l'uso della "parola bambina" e che non ha ancora trovato l'uso della "parola adulta" – fa di tutto, dice di tutto, comunica in una maniera stranissima, il no è il sì e viceversa – non adopera mai il positivo e rifuggirà da un linguaggio logico. È illogico nel suo modo di parlare: va per impulsi, non va per ragionamenti».

Il fatto è che si sentono tante parole copiate: quelle autentiche sono sempre più rare. Perché questo impoverimento?

«Siamo nel tempo del linguaggio fotocopiato: dai divi, dai compagni più grandi, dagli stereotipi della piazza.

Dalle parole pulite c'è il balzo in quelle provocatorie, del gergo comune, delle parolacce. Silenzi, poi risate, da tipi un po' fuori di testa. Non c'è una demarcazione netta tra bugia e verità, perché tutto è fantasia, con facilità di superlativi verso l'alto e il basso. Insomma: l'adolescente deve riacquistare l'uso della parola, bisogna capirlo, la parola non viene usata per il significato che ha ma per le provocazioni che crea. Un fatto è certo: la parola ha bisogno di grandi contenuti interiori. Questa società d'oggi è piena di fiori di seta: belli ma senza vita».

L'adolescente ha bisogno di riscoprire la sua parola: bisogna aiutarlo...

«Per l'adulto si impone pazienza. Non bisogna stancarsi mai. Come si sono spese giornate e notti a insegnare a pronunciare "mam-ma, pa-pà", con puntuali, regolari lacrimoni quando avveniva la prima volta, lo stesso bisogna fare ora con l'adolescente. Che straparla, più che parlare. Ma non è un fatto eccezionale, insolito, straordinario. No: rientra nel processo di crescita, è da mettere nel conto. Quindi, le parolacce, gli spropositi, il linguaggio del gruppo, quello della televisione e quello del suo divo, non debbono spaventare i genitori. Lo sforzo per l'adulto dev'essere di non perdere il "suo" uso della ragione».

Il giovane deve riuscire a trovare una parola propria, autentica.

«Ci si guardi un po' attorno: vedremo tanti giovani che sono diventati adulti, hanno 30-40 anni, ma parole loro non ne pronunciano nemmeno una. Non si dimentichi mai che la parola è una delle esperienze più belle, più ricche, più misteriose, più affascinanti che abbiamo. È un dono. Dire una parola in un momento giusto, ad un amico oppure ascoltare una parola appropriata è un regalo meraviglioso della vita. Noi siamo grandi educatori quando parliamo al presente, con progetti a breve scadenza. Abbiamo educato benissimo a camminare, all'uso delle prime parole, a scrivere, all'igiene personale. Tutte cose importanti, ma di breve respiro. L'adolescente, invece, ha bisogno di passare dalle esperienze di corto raggio a un progetto che deve costruire, evitando la trappola delle proiezioni impossibili, delle illusioni e delle utopie o, sul versante opposto, delle depressioni spaventose».

La difficoltà è madre di tanti, troppi vuoti del nostro tempo...

«Si infittiscono le solitudini. Si avverte sempre più pressante la mancanza di comunicazione. La parola serve più per manifestare noi stessi che per ascoltare, per rivedersi. Anche le comunicazioni sofferte ci fanno difetto, oggi. Non siamo più capaci di radici interiori. Siamo diventati sordomuti. Occorre riscoprire una parola collegata con la vita, sfrondando le chiacchiere e la vetrina per il meglio di sé. Dobbiamo riconciliarci con la parola, che è un elemento strategico del vivere. La parola prima e l'ascolto poi sono come la radice per un albero. Chi sa far silenzio, sa anche parlare. Evitiamo di parlare parole d'altri e ritagliamoci un quarto d'ora al giorno per sentirci».

Parlando dei giovani, lei usa spesso un'immagine: quella degli alberi...

«Sì, c'è una storiella avvincente, che ha per protagonista non casuale un albero, spuntato in una cascina abbandonata e cresciuto alla ricerca della luce. Così come l'uomo deve essere immerso nell'aria, la carpa nell'acqua, l'albero deve essere proteso verso la luce. Piantato nella terra per mezzo delle radici, piantato negli astri per mezzo delle fronde, è la vita di scambio fra noi e le stelle. Quest'albero, nato cieco, aveva dispiegato nel buio la sua potente muscolatura, brancolando da un muro all'altro, vacillando e questo dramma si era impresso nelle sue torsioni. Poi, dopo aver infranto un abbaino, cercando la direzione del sole, la sua luce, i suoi raggi di vita, era emerso dritto come colonna e il contadino assisteva, guardando in prospettiva, immaginando il futuro. L'albero si schiudeva nella quiete, estendendo il suo fogliame illuminato dal sole, richiamato dal cielo. E ogni giorno, all'alba, il contadino lo vedeva risvegliarsi dalla cima alla radice, poiché era popolato d'uccelli... Una meraviglia. Fin qui la parabola. I giovani sono come quest'albero, l'ammaliante società del benessere li ha rinchiusi in questa cascina dorata (unica variante rispetto alla parabola), dentro la quale sembrano consumarsi sogni ed equivoci, cose stupende e cose orribili, l'oro e la droga, la politica e la menzogna, la felicità e la fretta».

C'è tutto. Però manca qualcosa...

«L'ossigeno, l'aria, il cielo. La sventura che i giovani stanno correndo consiste nel presumere che ciò che è rinchiuso in questa "cascina" sia tutto, che abbiano più sete perché la coca-cola ha sostituito l'acqua della sorgente, che non abbiano più bisogno di padri, perché quelli sul mercato puzzano troppo di acqua piovana e di cultura contadina».

Come sottrarsi al fascino contagioso di quest'ammaliante società?

«I veri padri moderni sono i computer, i cervelloni, i terminali. Raccomando ai giovani di non crederci, di sfondare il tetto con la loro potente muscolatura. È urgente! Cerchino il cielo. Dio non è qualcosa di eccessivo, una speranza esorbitante, un azzeramento della ragione; è la nostra vita. Questa società ha tracciato i confini, ma i giovani devono ribellarsi ai confini della ragione, dell'opulenza, dell'efficienza, della tecnica; sono troppo angusti.

Per i nuovi califfi, Dio è troppo... gli dei sono migliori, più a misura d'uomo, si possono anche distruggere. Per loro il Dio del Vangelo non è più adatto ai tempi: troppo padre, troppo geloso, troppo commovente, troppo dentro la vita semplice, troppo povero, troppo indistruttibile».

Ai giovani è stata insegnata la filosofia del godimento e dell'effimero...

«Il presente va assunto come progetto. Il futuro, per una società edonistica come la nostra, è un insieme di presenti.

Se non fosse così, dovremmo porci il problema del domani, della malattia, della morte. Non è utile. Del domani interessano poche cose: la ricerca dei soldi, la bellezza, l'efficienza. Il resto agli altri, ai poveri: tocca ai poveri pensare alla morte, al dolore, alla solidarietà».

E se non si riuscirà a proiettare l'albero verso la luce?

«I giovani cadranno in un insensato ripetersi di gesti rituali, dentro una sopravvivenza fine a se stessa. Nessun miracolo, discorso, gesto grande di Cristo ha convertito nessuno, nemmeno gli apostoli. Il Dio della Pasqua è sotto le specie dei fratelli "poveri". Non lasciamoci sedurre da chi sa leggere e parlare, chiacchierare, spiegare tutto.

È solo quando la parola diventa pane per gli altri, che il Dio del Vangelo scende tra noi. Passa, ci chiama attraverso i piccoli fatti di ogni giorno. Credo che tornare al Vangelo sia come tornare a casa. Sono ritorni che non hanno data, perché la data è nel cuore di ognuno che torna: è un presente che si rifà con la dolce nostalgia di autenticità, quasi come un tuffo dentro l'aurora di un tiepido mattino di primavera.

Il ritorno a casa ci pulisce delle incrostazioni delle attività mercificatorie.

Ci ridà ossigeno, fa scoprire la gioia, la fede. È questa l'unica esplosione che ci si aspetta dai giovani. Quest'albero cieco... infranto l'abbaino, uscì nella direzione del sole...».

Gli adulti debbono di nuovo accompagnare a piccoli passi nel campo delle prospettive, delle speranze, delle mete da conquistare.

«È un'opera che devono fare con fiducia, senza timori. Purtroppo sono i genitori ad avere troppo spesso paura del futuro: "Ci sarà un domani? Con questa politica qui... con questa gente qui... Oh Dio mio, speriamo che non venga la fine del mondo!". Non è possibile parlare con simile, disarmante linguaggio ai nostri adolescenti. Con loro bisogna inserire la marcia della fiducia, se vogliamo alimentare un disegno di crescita: non possono voltarsi indietro, perché si odiano come bambini e come ragazzi. Se non sapranno guardare avanti, si perderanno. L'adolescenza è come un mandorlo che fiorisce, una pianta che scoppia di salute. Ma una pianta che fiorisce non è una pianta che produce. Se uno si accontenta dei fiori, non ha capito niente. È importante che i fiori cadano, e cadano tutti, perché facciano dei frutti. I figli, gli adolescenti, i giovani devono sapere questo. Se vogliono diventare uomini, devono capire che l'adolescenza è una stagione particolare: di grande ricchezza, che implica però anche una trasformazione radicale della propria vita. Se non siamo testimoni di speranze, i figli avranno sempre e solo paura.

Mi voglio spiegare con un racconto carico di simbologia. Siamo in un ottobre mesto, pieno di nebbia. Un ragno, sulla punta di un pino, pensa: se io piano piano andassi giù e incominciassi a tessere la mia ragnatela... Incomincia un paziente lavoro di ore e ore. Finalmente, quasi a notte fonda, ecco pronta una grande ragnatela, che abbraccia tanti rami. Si mette al centro, ammira e commenta: ah, questa è una roba seria. Dopo essersi riposato, va verso un'estremità e compie un giro dei suoi possedimenti. Tronfio per il risultato, si illumina per la meraviglia che ha saputo produrre. Giunto a metà strada, ha uno scatto. Si blocca, infuriandosi: "Ma come? Questo filo qui è fuori posto, mi rovina la ragnatela alterandone il perfetto disegno, le linee, le forme. Non è possibile, non lo tollero. Tutto un lavoro ordinato, con rettangoli precisi...".

Rabbioso, torna indietro. Vuole risalire a quel filo guastafeste. Lo spezza. E la ragnatela si chiude sul ragno. Quella grande, bella ragnatela, diventa una trappola spietata».

La morale della favola?

«Facciamoci tutte le ragnatele che vogliamo: case, possedimenti, beni di consumo. Ricordiamoci però che se c'è il filo, quello dà significato a tutta la ragnatela, se non c'è, tutta la roba prima o poi soffocherà. Teniamo presente che troppe volte il nostro ragionamento orizzontale si perde, si autocompiace, fiero di sé, fino a dimenticare il filo che viene dall'alto. Insegnate ai vostri figli che basta un filo dall'alto. Ma ci dev'essere».

Tutto sbagliato, tutto da rifare

Lei confessa di preferire i ragazzi cattivi, i tossicodipendenti duri delle prime generazioni rispetto a quelli molli d'oggi. Vuole spiegarsi?

«L'educatore ha bisogno di confrontarsi sui contenuti interiori. Non s'è mai incontrata tanta fatica come oggi nel far proposte. È molto meglio educare i cattivi, che almeno qualcosa hanno dentro – sia pure di sbagliato (si può partire da un dolore, una caduta, un reato) – che parlare e rivolgersi a gente che non ha dentro niente. I giovani d'oggi, soprattutto i nuovi adolescenti, sono ragazzi con i quali puoi parlare per ore intere, senza che germini qualcosa.

Non c'è il terreno adatto dentro di loro per poter seminare qualcosa. È come parlare, scontrarsi con muri di gomma».

Perché questo?

«Non lo so. Sto facendo delle riflessioni sulle varie stagioni dei tossicodipendenti e rilevo che la terz'ultima generazione era quella dei duri, che trovi distrutti, sui marciapiedi, gente che ha rubato, sieropositivi, con galera alle spalle, uncinati che pur di farsi una pera barattano anche l'ultimo pezzo di maglione che hanno. Con questi riesci ancora a intavolare un discorso, per assurdo, educativo. Le ultime due ondate sono quella dei capricciosi e quella dello sballo, quei ragazzi cioè che se non sballano almeno una volta alla settimana si considerano dei cretini: ecco allora la discoteca, qualche bravata in motorino o allo stadio o, ancora, imprese in banda. Se non fanno qualcosa di anormale, da raccontare al lunedì mattina, si sentono in vergogna. Non possono andare a dire di essere stati a Messa o all'oratorio. Queste sono abitudini dei nonni... Preferisco i ragazzi cattivi a quelli vuoti. E poi, in ogni modo, io con i buoni ho avuto a che fare poche volte, ne ho incontrati pochissimi e non sono in grado di esporre in dettaglio cosa succeda. Può sembrare paradossale ma è così. La mia condizione d'oggi, il mio dramma infinito è il dover lavorare con i ragazzi vuoti».

Come si potrebbe dare una scossa in positivo?

«Bisogna correre un rischio in positivo. La maturazione non avviene per avanzamenti progressivi indolori. La crescita si consolida per gradi dolorosi: anche gli avvenimenti più belli della nostra vita, se devono essere formativi e lasciare un'impronta, contengono il loro lievito di piccoli-grandi dolori. Il matrimonio, anche se è uno dei momenti più belli di un'esistenza, trascina con sé anche paure, debolezze, incertezze. Nessuno può negare che una maternità, anche se è una delle esperienze più segnanti della nostra vita, è un momento di dolore fisico, di interrogativi sulla nuova vita, chi sarà, che cosa farà, che cosa succederà del figlio, che cosa diventeranno i genitori da oggi in poi con il figlio, e ci si capirà? Anche le cose più stupende, proprio perché tali, devono avere una vena, un filo di rosso, di sangue. Se vogliamo che i nostri ragazzi crescano, dobbiamo abituarli alle prove, alla sofferenza, altrimenti non cresceranno mai: diventeranno grandi, ma non matureranno interiormente. Ogni vetta, ogni traguardo è una conquista e comporta impegno, sacrificio, anche sofferenza. I giovani devono fare esperienze forti, devono essere avvicinati a rischi educativi, che abbiano un significato e obblighino ad avanzare».

Non c'è il rischio di tante belle parole, di nobili sentimenti, ma di una certa lontananza dalla realtà? Quando uno non ha più nessuno e niente, come può pensare a realtà sublimi?

«Molte volte succede che ci arrivino dei ragazzi ancora fatti: non riescono a stare tre giorni senza bucarsi. Allora, per agganciarli, per stabilire un contatto con loro, abbiamo pensato a qualcosa che distogliesse i ragazzi dal richiamo della foresta e li obbligasse a qualcosa di positivo. Ecco le carovane della libertà. Avevamo in comunità tre ragazzi che proprio non riuscivano a spezzare il vincolo con la siringa, a tirarsi fuori dalle sabbie mobili della droga. Li abbiamo messi in sella ad una bicicletta. Sono smontati dopo 4.600 km, Milano-Varsavia e ritorno in mountain-bike. Dopo quattro mesi erano sereni, pacifici, non sapevano più cos'era una "pera" e hanno cominciato a studiare, fino alla laurea.

Tutti possono far compiere delle esperienze che incidano, per esempio di volontariato. Tempo fa, dopo una conferenza ai giovani, una ragazza ha chiesto di poter svolgere del volontariato con il nostro drappello in Stazione Centrale a Milano. Io non so quale possa essere stata la reazione della madre a questa intenzione, ma certamente è difficile sia dire di sì che rispondere di no a una figlia con questo proposito. Aldilà di tutto, vuol comunque dire che lì, dentro quella ragazza, pulsa un potenziale elevatissimo che non può essere represso e se lo spegni oggi, perché temi che in Stazione dalle 21 a mezzanotte ti possa succedere qualcosa, e può anche accadere, un mese dopo si dovrà magari accettare che lei abbia affrontato un'altra avventura. Un adolescente, se ha una generosità da esprimere, lo fa con il primo che si fa avanti, che sia un prete o un avventuriero, perché l'adolescenza non ha l'allenamento all'attesa. Non possiamo pretendere che un adolescente si tenga dentro per mesi una sua tensione. Quando i vostri figli vi chiedono alcune cose, pregate, consigliatevi, riflettete, fate in modo che siano protetti, ma prima di dire no, pensateci su bene».

Non è facile educare senza rimorsi. In pochi anni i figli hanno perso 40 ore settimanali di vita con i genitori. Non solo, ma anche il tempo dedicato ai figli si è impoverito di contenuti. Che cosa si può fare, di fronte a queste lacune?

«Ho l'impressione che dalla parte dei giovani vi sia un'autonoma ricerca del modo di vivere meglio, in barba ai modelli degli adulti. Colgo dei segnali incoraggianti. Ci hanno chiesto "*perché*" una, due, tre, tante volte, poi stufi di domandare, cercano le loro strade, più autentiche, più vere. Quantitativamente sarà una fascia non molto numerosa, ma qualitativamente è di sicuro preziosa come il lievito per fare il pane. Ancora una volta, ricordando la Bibbia, ci sono forse i figli che salvano i padri, le pecore che riportano all'ovile i pastori. Noto una spiritualità, una ricerca di autenticità, ragazzi che hanno cominciato a leggere la Bibbia, a meditare sul Vangelo, a interrogarsi su Dio: mentre noi adulti stiamo annaspando o stiamo cercando nel nostro guardaroba l'ennesima maschera da metterci, i figli stanno cercando strade di verità. Se in passato alla risposta-no del genitore si perdevano, adesso se la cavano».

Come semina e come fa crescere Dio tra i suoi giovani?

«Non ricordo chi sia quel filosofo che ha detto che è più facile trovare Dio dove non lo si pensa che non dove lo si immagina. A me accade spesso di dover parlare di Dio con ragazzi per i quali non pensavo assolutamente di dover parlare. C'è un ricordo che mi è rimasto nel cuore, legato a Marco Donat Cattin. Un giorno, in autostrada, ci fu un incidente. Lui era in carcere e faceva parte di quei terroristi pentiti che poteva uscire la mattina a lavorare e rientrava di sera. Era nelle prigioni di via Gleno a Bergamo. Eravamo fermi in colonna. Stranamente venimmo a parlare di fede. Gli chiesi: Marco, quanti Comandamenti ti sono rimasti? Dopo un anno che sei con noi, mi piacerebbe fare una sorta di verifica. Passammo in rassegna il Decalogo. A un certo punto ci fermammo tutt'e due perché mi sarebbe dispiaciuto arrivare in fondo e trovarmi magari a mani vuote. Lui invece insistette: caro don Antonio, se andiamo avanti così, purtroppo dobbiamo portare a casa zero. Se invece dovessi confessarti che da quando sono con voi ho incominciato a pensare che Dio forse potrebbe essere mio padre, allora io un Comandamento l'ho scoperto. Per quasi un'ora, quel giorno lì, lui che si prestava a molti giudizi e non propriamente positivi da parte dell'opinione pubblica, mi raccontò come sentiva

Dio suo padre. Scoppiò a piangere. Per fortuna, si rimise in moto la colonna a togliermi da quell'imbarazzo. Mi venne in mente quell'episodio qualche mese dopo, quando fu travolto e ucciso da un'auto, mentre tentava di prestar soccorso ad alcuni feriti in un incidente. Conto tanto di vederlo in paradiso: credo che Dio di fronte a questo piccolo passo di Marco abbia fatto il grande passo, come il Padre del Vangelo verso il figlio prodigo. Una cosa è certa: non mi sarei mai aspettato di sentire un colloquio su Dio in quella maniera».

I giornali titolano a sensazione: «La rivincita di Dio». Che le pare?

«Mi sorprendo sempre quando qualche tossicodipendente viene da me e chiede di poter fare qualche giorno di ritiro spirituale in un convento: e sono una lezione per me prete che brontolo quando debbo assolvere questo rito. A volte si tratta di una ricerca atipica, ma c'è. Mi sento di poter dire che Dio sta entrando di nuovo nella storia. Forse non percorre le grandi strade, magari comprendiamo poco di questi segnali, ma per me che sono sulla piazza, sul marciapiede, c'è quanto basta per capire che la nostalgia di Dio sta rientrando nel cuore della gente. Forse siamo proprio noi cattolici i più duri rispetto al nuovo modo di rapportarci con Dio. Speriamo che tutti insieme, anche per la desolazione che pesa sul vivere d'oggi, riusciamo a riscoprire una presenza vera, autentica, profonda, misteriosa, affascinante di Dio».

Le statistiche parlano anche di 300 mila poveri a Milano. Come comportarci, come essere in qualche modo d'aiuto alle schiere ondeggianti degli sbandati?

«Credo che i ragazzi a rischio abbiano bisogno soprattutto di una cosa: di essere amati così come sono. È una richiesta comune, di tutti i figli della strada:

essere accettati con il loro bagaglio. Da quel momento in poi, ci si sintonizza di nuovo e si riesce ad incidere nel loro processo di crescita perché la solitudine dei giovani oggi gioca a vantaggio della criminalità, del disagio, delle grandi emarginazioni. È una solitudine non solo fisica, come è il caso per certi ragazzi senza famiglia. No, ci sono anche delle solitudini interiori, che sono dovute ad una mancanza di rapporto con i nostri figli, anche all'interno di normali famiglie. I border-line crescono anche nelle famiglie cosiddette normali. Una ragazza, figlia di una coppia apparentemente senza problemi, mi ha confidato come e perché è franata. È stata amata troppo dai suoi genitori per le cose e non ha avuto niente dal versante dei valori, degli aspetti che contano. Quando da adolescente ha chiesto di essere amata meno con regali e più con il calore affettivo, i genitori non sono stati in grado di rispondere. Lei si è persa nell'eroina, nella cocaina, nella prosituzione. Oggi sta risalendo la china, perché ha ritrovato qualcuno che le sta donando quelle poche cose che lei voleva. Bisogna evitare a monte che i giovani, gli adolescenti divengano border-line. E siamo al grande problema della prevenzione. Dobbiamo tornare a fare il nostro mestiere di genitori, perché da tanto, troppo tempo abbiamo abdicato. Se svolgessimo veramente la missione di genitori, capiremmo quanto è importante dedicare nei primi anni della vita il massimo di noi stessi. È in questi primi anni, infatti, che impostiamo la vita del ragazzo rispetto ad alcuni problemi e realtà. Secondo periodo strategico della vita sono i primi anni delle scuole elementari, dai 6 ai 9 anni. Crediamo che in quest'età non abbiano bisogno di niente, siamo tranquillissimi: li vediamo simpatici, buoni, abbastanza obbedienti, qualche volta preoccupati per la scuola, ma insomma non è la fine del mondo. Questo è – purtroppo – il periodo in cui noi incidiamo poco sui grandi contenuti formativi: cominciamo a preoccuparci quando danno i primi segni di caratterialità, verso la quinta elementare. Diventano un po' ribelli a scuola, rispondono male in casa, legano con compagnie stranine. Il periodo migliore per la prevenzione è dalla nascita ai tre anni per l'impostazione generale e dai 6 ai 9 anni per iniziare la prima educazione ai valori, in quanto si tratta di un periodo di grande serenità, di fiducia dei figli per i genitori e non sono più bambini, avendo la capacità di recepire alcuni solidi contenuti dell'esistenza. Se vogliamo finirla di lavorare sul disagio, sull'emarginazione, sulla droga, tra i disperati, vediamo di riprendere l'arte di genitori, interveniamo con prudenza, con sapienza e con saggezza in alcuni momenti della vita dei nostri ragazzi. Cerchiamo insomma di sfruttare alcuni periodi in cui ci sono ancora grande armonia e possibilità abbondanti di seminare alcuni semi che poi germineranno certamente lungo tutte le stagioni della vita».

Quante volte si sente dire o raccoglie l'amaro sfogo: ma che società è mai questa?

«Siamo un po' tutti dei bamboloni, anche noi adulti. Non si capisce più se l'educatore è il padre o il figlio. Mi è capitato l'altro giorno un bambino di 12 anni, figlio di una tossicodipendente, ospite di una mia comunità. "*Don Antonio, ho bisogno di parlarti*". Si siede tutto serio, con la pieghetta ai capelli fatta dalla nonna, tutto compìto: "*Come si comporta mia mamma?*", sono le sue prime parole. "*Cosa pensi, don Antonio, che mia mamma verrà fuori dalla comunità?*". Quando un bambino di 12 anni ti pone domande del genere, ti chiedi a tua volta: chi è la madre? Chi il figlio, la figlia? Chi è grande? Sandro è uno dei miei ragazzi che ha finito la comunità e s'è ricostruito. S'è mobilitato per gli altri e alla sera va in Centrale, con l'unità mobile. Sandro, che non ha conosciuto il padre, scappato da casa quando lui era piccolissimo, s'è imbattuto in sua madre, alcolizzata per il dispiacere e la fatica del vivere. Ha visto sua madre vecchia, ubriaca, sdraiata sotto un platano, come fanno i barboni. Quando un giovane ti racconta un'esperienza del genere, ti domandi chi è l'adulto. Al sentire questa amarissima storia, anch'io mi sono domandato: Dio mio, ma che società è mai questa? È possibile che siamo diventati grandi un po' tutti, ma senza responsabilità, avviandoci in questa sorta di nebulosa strana, dove nessuno mai decide, dove nessuno testimonia mai niente, nessuno dice mai di no, pochi sanno dire un sì ragionato, dove non si capisce se sia bene o se sia male, se valga la pena di fare il bene...».

Lo sbaglio: che posto ha? È vero che l'autocritica è diventata più difficile che in passato?

«Educare vuol dire innanzi tutto avere il coraggio di testimoniare la propria storia, con i propri limiti, i propri pregi, le paure, le speranze. Educare vuol dire mettere sul tavolo la propria vita, non per proporla obbligatoriamente ai figli, ma per confessare in assoluta serenità: questa è la mia vita, questo è ciò che ti posso dare con il pane e il sorriso. Fanne l'uso che vuoi, però sappi che dentro a questa mia storia, questo è stato giusto e sono felice di averlo fatto, questo l'ho sbagliato e mi dispiace di averlo commesso. Non ci sono genitori in giro con il coraggio di queste ammissioni davanti ai loro figli. La maschera che ci siamo messi addosso di finta giovinezza è la stessa che ci obbliga all'insincerità perfino con le persone che amiamo. Essere educatori significa essere testimoni leali, coerenti della propria vicenda e con la nostra storia in mano, con umiltà; confrontarci con quella dei figli, che è un'altra storia e va ascoltata con rispetto; la radice è unica, ma i rami sono molti, diversificati. Educatore è colui che sa cogliere la diversità, l'unità, il limite e il pregio delle cose. È possibile che noi troviamo il tempo per confrontarci con i figli, per dipanare la nostra storia e per ascoltare che cosa vogliono loro dalla vita e dalla storia?».

È possibile dominare la fretta e non farsene schiacciare?

«Abbiamo pochissimo tempo e in questa esile fetta dobbiamo concentrare tantissime cose. I ritmi fuori sono vorticosi e noi non possiamo perderli, perché abbiamo sempre dietro qualcuno che ci fa i fari o ci lampeggia, obbligandoci a correre. Non avendo né tempo né pazienza, non solo non riusciamo a proporre la nostra storia, ma nemmeno ce la facciamo a pensarla e quindi non possiamo interiorizzare quello che noi viviamo. Siamo gente che continua a masticare e che però non digerisce più niente. Dobbiamo riuscire a non farci dominare dalla fretta, imparando a dominarla. Il cristiano è colui che riesce a scoprire Cristo dentro la banalità delle situazioni di ogni giorno. Incredibilmente corriamo vicini gli uni agli altri, adulti, figli, genitori, mogli, mariti, siamo come dei corpi estranei agli altri e a noi stessi. Dobbiamo recuperare la dimensione del silenzio, perché lì dentro forse ci riprendiamo anche la pazienza. Pazienza e silenzio sono due elementi complementari, che si intersecano».

Vogliamo avere sempre di più, guadagnare tanto e subito, possedere, divertirci, consumare, fuggire in definitiva da noi stessi. Dovendo processare il dio soldo, a quanto lo condanniamo?

«Il denaro è un effetto più che una causa. Io mi domando se non sia ancora più preoccupante in questa società l'effetto-maschera. Poiché non siamo diventati ricchi dentro, sentiamo di muoverci all'interno di questa società assumendo di volta in volta la maschera che ci è più opportuna: quella del timido, del forte, del democratico, dell'oppressore, del padrone, del suddito, del fedele, dell'infedele. Siccome dentro non abbiamo grande vivacità, ci muoviamo equivocamente e sopravviviamo grazie alle maschere che ci mettiamo addosso. È questa una delle cause che fa disorientare noi adulti e, con la ricaduta, anche i ragazzi. Che poi questa maschera venga foraggiata dal fatto che abbiamo anche i soldi per mettercela – siamo ricchi e poveri secondo quel che ci conviene – fa parte delle regole del gioco. Il pericolo del denaro è proprio questo: ha fatto sì che noi possiamo occupare il ruolo che ci interessa o che ci è più comodo. Ecco perché abbiamo grande debolezza come adulti e quindi anche fragilità di proposte verso i giovani».

La devastazione delle nuove volpi

Quali devono essere i modi e i toni di un'educazione, oggi?

«Il guaio è che abbiamo perso da tempo sia i modi sia i contenuti dell'educazione, quale dovrebbe essere. Abbiamo dato ai nostri figli istruzione, comodità; abbiamo moltiplicato le occasioni di incontri con il mondo intero, sottovalutando il fatto che tutte queste cose, se non hanno un contenitore in cui metterle, si perdono. L'educazione dovrebbe essere questo contenitore, dentro il quale, i valori e le esperienze che facciamo vengono esaltati.

Abbiamo attribuito scarsissima importanza a questo elemento che, invece, dall'inizio del mondo fino ad oggi è stato decisivo della nostra vita. Recuperare, adesso, questo contenitore smarrito, è un'impresa molto difficile.

Intanto, bisogna capire se noi adulti abbiamo ancora voglia di educare. Il primo ruolo dell'adulto è quello dell'educatore. Tutto quello che il bambino fa è nella linea della crescita interiore e i genitori hanno una missione in questa scoperta graduale del mondo. Se noi recuperiamo la voglia di educare, ci accorgeremo – senza inventare niente – cbe le stesse cose fatte il giorno prima, sistemate dentro il contenitore, assumono molto più significato, sono finalizzate e ci rendono più felici. Quindi, dobbiamo recuperare subito questo strumento che abbiamo gettato tra i ferri vecchi e metterci in una prospettiva educante».

Il problema, però, è di dare attualità ad un impegno molto delicato...

«Il modo di educare oggi non è sicuramente quello di ieri. E nemmeno i contenuti. Ieri, per esempio, in una società verticistica, l'autorità era il valore primario. Il rispetto, l'ascolto dell'adulto, l'obbedienza pronta hanno avuto una trasformazione. Dall'autorità si è passati all'autorevolezza, alla capacità di comunicare la propria testimonianza più che nel saper organizzare una società. L'adulto, il padre, l'insegnante non è colui che deve badare ad una strutturazione a caduta della società, ma è colui che propone il suo percorso di vita e lo fa in maniera trasparente, autentica, umile, discorsiva.

L'autorevolezza è una virtù di cui abbiamo un estremo bisogno e stiamo accorgendoci che è la più assente. Anzi, si assiste ad un vigoroso tentativo di recuperare la autorità. Anche molti spostamenti politici e culturali si muovono ancora nella linea vecchia, nella speranza che recuperando l'autorità arriviamo anche all'autorevolezza.

Non è così. Sarà semmai recuperando l'autorevolezza che diventeremo capaci di collocare al posto giusto anche gli uomini delle istituzioni. La caduta delle mura delle istituzioni – che è generale – è imputata del disorientamento dei nostri giovani e ancora lo sta determinando. Non è facendo istituzioni nuove che noi rinnoveremo la società, ma rivalutando la serietà e la profezia dell'adulto. Solo così arriveremo ad un modo nuovo di gestire la società».

Cosa intende per profezia dell'adulto?

«Noi siamo vecchi, non adulti. Abbiamo una carta d'identità che ha venti o trent'anni più di quella di nostro figlio.

Siamo come su una scacchiera, dove ognuno ha una sua posizione, che non è però seria rispetto all'obiettivo, quanto impegnata nella sopravvivenza. L'adulto è profeta se riesce a far leggere ai figli ed a chi sta attorno la speranza. Spesso ci riduciamo ad essere dei gerenti, che vivono alla giornata. Se i nostri figli non sanno leggere i giorni in chiave di prospettiva, sono i figli della disperazione. Ecco perché pongo l'autorevolezza come valore da scoprire. I figli d'oggi non accettano più che gli adulti parlino in termini di sicurezza della propria storia: non vogliono il dubbio, ma domandano che quando parliamo, lo facciamo con la serietà di uno che ha percorso un tratto di strada, consentendo al proprio figlio di aggiungere un altro tratto, con uno spazio di protagonismo.

Più che aver paura della libertà da concedere ai figli, dovremmo avere il coraggio di trasformare i timori in progetto. Se riusciremo a confrontarci con i figli, lasciando loro il rischio di un pezzo di strada, il bello e il difficile di una ricognizione, educheremo responsabilmente. Occorre il giusto equilibrio».

Non è facile arrivarci...

«In genere succede che diamo troppa corda ai giovani, per cui vengono mandati allo sbando o non concediamo spazio e li comprimiamo. Imparare il dosaggio tra i due estremi: qui sta l'abilità. Dentro questo percorso si gioca la nuova storia, la vita degli adulti e dei giovani».

Adulti testimoni di alcune verità, il problema è come.

«Il paradosso del tempo presente è che si punta al massimo di certezze esteriori per i figli, dando il minimo di quelle interiori. I giovani sono molto sicuri sui modi di stare in società, sanno usare tutti i mezzi di comunicazione, sono padroni delle tecnologie moderne, sono molto sicuri di sé e non conoscono le nostre paure, ma li abbiamo dotati di scarsa autonomia interiore. Alcune direzioni per le principali strade della vita dobbiamo fornirle.

Credo cbe gli adolescenti manchino della scaletta dei valori o ce l'hanno rovesciata. Le cose essenziali sono diventate quasi superflue. Se dovessimo chiedere dove collocano la fede o la laboriosità, ci ritroveremmo con vistose sorprese. Il divertimento spadroneggerebbe».

Il vocabolario tra genitori e figli si è fatto diversissimo...

«Mentre fino a qualche anno fa si usavano gli stessi termini, oggi i ragazzi hanno un loro modo di comunicare, abbastanza incomprensibile per noi. C'è un linguaggio giovanile che non è il linguaggio nostro: il primo è soprattutto televisivo, molto figurato, che non è preoccupato di quello che c'è dentro. I giovani parlano come vedono, parlano a colori. Mentre noi adulti, quando parliamo, siamo preoccupati delle radici, della logica, siamo più cartesiani; loro sono figli dei quattro colori e hanno un modo diverso di interpretare le cose. Dobbiamo riuscire a scoprire quale logica usano i giovani per ragionare e per vivere. Se non comprendiamo questo, useremmo due alfabeti diversi e incomprensibili».

È un corto circuito non improvviso, ma di lunga data...

«In molti dei ragazzi che arrivano da me, nella loro biografia si individua subito una vistosa solitudine rispetto alla comunicazione con i propri genitori. Non è che giudichino genitori, insegnanti, adulti in genere. Il fatto è che non si sentono capiti. Parlano ma sono incompresi e ad un certo punto hanno staccato il contatto. Scoprire la pazienza della parola e riscoprire la comunicazione è uno dei doveri urgentissimi».

Un consiglio per favorire l'intesa?

«Parlare, e basta. I ragazzi d'oggi sono abituati a quella scatola meccanica che è la televisione, avvincente, intrigante, che sa calamitare la famiglia, ma che spezza il gusto e l'arricchimento del dialogo.

Mentre dal video ci arriva la comunicazione bugiarda, noi dobbiamo mettere in atto quella sincera. Bisogna parlare con l'efficacia del gesto, guardando in faccia nostro figlio, che è abituato a sentir parlare ed a subire la parola. Si deve poter trasmettere il fascino della musica, dei colori. Altra speranza: un travaso di parole, uno scambio di sostantivi, parole nostre che diventino quelle dei figli e viceversa. Non pretendo che tutto il loro vocabolario divenga anche il mio; però, che alcune parole-chiave siano comuni per me e per loro, è importante.

Una di queste è senz'altro la solidarietà. I giovani d'oggi hanno un grande senso del mondo, delle nuove frontiere, dell'attenzione per gli altri. Hanno visto quanto sta accadendo in Bosnia, sanno dei signori della guerra in Somalia, trepidano per l'America latina: dobbiamo far pulsare i loro e i nostri cuori. Una povertà che viene avanti è sul terreno delle amicizie. Stanno insieme, fanno chiasso insieme, ma ho l'impressione che siano orfani delle amicizie, anche perché il vortice con cui cambiano gli amici è tale, che non gli resta il tempo. La mobilità è elevata e l'amicizia non vuole orologi.

Quasi tutti ci ricordiamo degli amici d'infanzia, poi scopriamo che non ci è più possibile avere questo genere di amicizie. Si sta insieme, ma è un frequentarsi leggero».

Le amicizie prima partivano in famiglia, nel cortile della contrada. Ora dove ci si può trovare?

«Siamo diventati più poveri di contatti, più ricchi di anonimato, più spersonalizzati. Ognuno vive nel suo guscio.

E se non scatta l'amicizia, non si accende nemmeno l'amore. Tanti matrimoni che vanno a rotoli si possono spiegare con questa carenza o addirittura mancanza: conoscenze più che altro epidermiche, fiori che appassiscono al primo sole. Un'altra parola-chiave, anche se potrà sembrare dura e scomoda, è la morte. I ragazzi non tardano molto a scoprire una contraddizione: ci si accorge di chi muore e si vede una società che rifugge dalla morte. Siccome la morte è sempre stata una grande domanda dell'adolescente, è consigliabile una sintonizzazione, aiutando a interpretare questa realtà, altrimenti si alimenteranno angosce, che talora si traducono in suicidi, fuga nella droga, violenze strane. Sono tutte false interpretazioni di questa domanda o false risposte sul tema. Essendo sempre stati accontentati in tutto, i nostri ragazzi non sanno perdere. Di fronte ad un'osservazione, ad un'umiliazione, vanno in crisi. Ecco perché un allievo che prende un voto basso a scuola, scappa da casa, si butta dal quinto piano. Sono alcuni passaggi obbligati del Duemila. Vent'anni fa, si parlava di obbedienza, lavoro, fatica, preghiera, affermazione nella società e via dicendo. Su una piattaforma di sostantivi, dobbiamo riuscire a trovare una comune interpretazione.

Il vocabolario dei figli deve rimanere loro, mentre noi ci teniamo il nostro. Non dobbiamo sintonizzare i vocabolari, sennò significherebbe che i nostri figli sono troppo maturi e vecchi o noi siamo troppo bambini e immaturi».

È più facile riparare i danni del passato o costruire sul futuro? In che misura considera l'esperienza?

«Uno che fonda la sua pedagogia sulla riparazione dei danni del passato, secondo me sbaglia tutto. Noi dobbiamo avere il coraggio di guardare indietro, ma non possiamo costruire il nuovo nella paura degli sbagli che abbiamo commesso. Dobbiamo fare autocritica, certo, ma investendo nella speranza. Non possiamo e non dobbiamo terrorizzare i nostri figli con il pressante richiamo dei nostri sbagli. I ragazzi devono avere davanti a sé individui in grado di far sapienza degli errori, trasformandoli in progettualità serena. Non bisogna stare troppo a lungo con la testa voltata indietro, come fanno molti genitori. Il Padreterno ha voluto che ci guardiamo negli occhi. Il rudere serve perché c'è lo spazio sul quale far nascere un fiore. E guai se collochiamo lo scivolone come lo spessore più grande della storia. Anche quando abbiamo l'impressione di aver fallito molti obiettivi, quello che emerge dalla storia è molto più positivo della paura o dell'angoscia che possiamo avere».

Come giudica la tendenza dei figli a prolungare la vita in casa, con i genitori? Ai giovani piacerebbe una maggior libertà, ma la sacrificano comunque in cambio dei vantaggi e delle sicurezze che la permanenza in famiglia rappresenta. Esigenze protettive da una parte, ricerca di comodità, in definitiva anche un po' di opportunismo dall'altra: come conciliare?

«Non so se spiegare questa prolungatissima adolescenza con la voglia di stare in casa, perché i figli hanno tutte le comodità oppure se sono i genitori che amano tenersi attaccati i figli, perché altrimenti non saprebbero come trascorrere le loro giornate. Non esiste più una vita ricca tra marito e moglie. Sembra che i genitori vivano in funzione dei figli o del lavoro o del minore dei mali. Se invece ci fosse un bel rapporto di coppia, si vivrebbero meglio la presenza in casa dei figli e il loro sganciamento, perché la ruota della vita gira. È anche vero che nella società moderna, poiché i figli tardano molto ad essere protagonisti in società, ad assumere responsabilità, si parcheggiano volentieri fra le mura domestiche. L'adolescenza, però, è bella se è corta.

È il tempo del passaggio dal mondo dei bambini a quello degli adulti. È un ponte. Su questo cavalcavia viene a transitare qualcuno che non è più quello che era ieri e non è ancora quello che sarà domani. Ora, se questo momento è ricerca di nuova identità, il ragazzo lo sopporta; ma se il ponte non conduce all'altro versante, possono sorgere crisi, con spappolamento di se stessi, difficoltà di lettura del proprio essere. Identità significa ricomporsi attorno a qualche cosa; quando questa manca, vuol dire che uno è salute, corpo, anima, ricchezza, ma non è persona.

È gravissimo che allunghiamo l'adolescenza dei figli, perché creiamo insicurezza e disorientamento, malessere generale, addirittura disidentità».

Solitudine di molte madri, nevrosi, mancanza di spazi comuni sono all'origine di legami troppo chiusi. È vero?

«La madre, fino a ieri, era madre e donna. Il ruolo principale era essere madre. Oggi, prima viene la donna e poi la mamma, senza offrire i supporti interiori per questo cambiamento. Abbiamo inneggiato alla parità dei sessi, dei diritti, delle carriere, che sono cose stupende: nella misura in cui però non si trascura la missione fondamentale della maternità. Non possiamo limitarci a fare della donna un uomo con la voce bianca. La solitudine è reale e spesso è drammatica: molte donne si interrogano, non sanno più se è meglio esser mamme o donne. Leggendo i giornali, non riescono a decifrare se esser donna e madre sia possibile: e devono compiere un grande sforzo di autodisciplina e di autovalutazione di sé, per riuscire a combinare queste due funzioni. Le madri sono le persone che soffrono maggiormente le solitudini. Se nella società c'è qualcuno di svantaggiato, questo non è l'uomo, ma la donna, la quale ha anche risorse di ricchezza interiore da dare».

Qual è una strada per far assumere responsabilità commisurate ai figli e come si scongiura il rischio che siano eterni ragazzi?

«Appena i figli hanno un minimo di autonomia, attorno ai tre anni, bisogna che gli insegniamo a vivere: con pazienza, senso del limite e accettazione degli altri. Sono tre strade che dobbiamo indicare subito ai figli.

Fino a tre anni, il piccolo principe ha una corte al suo servizio: gli altri che si muovono per lui. Se noi continuiamo a ruotargli attorno come tanti sudditi, lo faremo diventare uno scrigno di egoismi. Poco prima che faccia il suo ingresso alla scuola materna, occorre insegnargli che cosa significa accettare gli altri. Nell'accettazione del prossimo passa tutta una serie di messaggi: per esempio che i compagni siano più belli, più bravi, magari favoriti dall'insegnante... Da questo momento in poi inizia l'educazione alla vita. A mano a mano che andrà avanti, saprà amare il compagno, anche se migliore, e saprà accettare se stesso. Dobbiamo riuscire a far capire e accettare dai figli i loro pregi e i loro difetti, limiti e virtù. La lezione dell'altruismo deve partire molto presto e noi invece cominciamo troppo tardi.

Altro abuso da correggere o da estirpare: l'uso indiscriminato della televisione. Quella madre artificiale lì insegna delle cose spaventose: in primo luogo la violenza. Ci preoccupiamo, e giustamente, di proteggere da scene di sessualità e pornografia e siamo indifferenti alla violenza che gronda dai teleschermi a ogni ora della giornata.

Quando arrivano alle scuole elementari, i ragazzi hanno visto ore e ore di immagini cruente. Ricordiamo bene, tra l'altro, che i bambini sono portati all'imitazione».

Esempi di ragazzi che picchiano, sono violenti, duri, spesso protagonisti di cronaca nera non ne mancano proprio: perché e che cosa fare? Come intervenire e correggere?

«Il periodo dai tre ai sei anni è quello che imposta i figli rispetto alla vita: dobbiamo sforzarci di dare orientazioni positive, non negative. Se continuiamo a mostrar una vita violenta, egoistica, superficiale, stupida come è proposta e celebrata da quasi tutti i mass-media di questo mondo, che progetto di vita trasmettiamo? Occorre evitare queste incoerenze tra messaggi e immagini. Dobbiamo piuttosto lavorare, in famiglia, nella scuola e nella società, sul grande valore della non-violenza.

Nei testi di scuola, questo testo della non-violenza come viene affrontato? Se fossimo seri, credo che dovremmo buttare al macero il 50% dei libri in circolazione nelle scuole. C'è troppa compiacenza verso pessimi formatori di sensibilità e coscienze, dimenticando il bisogno di testimonianze contemporanee, per ricavarne un progetto di vita. Altro elemento non trascurabile: fare in modo che i nostri figli stiano insieme con altri bambini, in ambienti educativi. Io suggerisco la validità dello scoutismo, l'entrare in contatto con i portatori di handicap, con i malati e i vecchietti che stanno male. Forse queste sequenze, anche se possono sembrare dure, equilibrano l'eccesso negativo della TV. È uno choc positivo.

Dobbiamo insegnare che c'è tanta gente che muore di fame, far capire ai figli che cos'è la fame. Perché dobbiamo conceder loro, sempre, la parte di carne più buona, le golosità a ogni ora del giorno, i capricci, tutto quanto balza all'occhio quando si va in bottega? Sono piccolezze, certo: ma ripetute, creano l'abitudine.

Da non scordare, c'è poi la testimonianza degli adulti: dovremmo essere i modelli uguali e contrari di quelli che vedono in televisione, riuscendo ad abbassare e magari ad annullare le negatività che vedono e che sentono».

Condivide l'analisi secondo cui si alza il muro delle incomprensioni e del silenzio tra adulti e giovani, tra genitori e figli oppure è un eccesso di allarmismo?

«È un muro di gomma. Un muro di parole. O, meglio ancora, un muro di vetro: sembra che non ci sia e invece c'è. Importante è trovare quei due o tre passaggi nel muro.

Ci sarà sempre di più l'incomunicabilità tra genitori e figli. Una volta vent'anni non erano niente; adesso, vent'anni sono una storia. Il problema è come penetrare dentro strati di storia così fitti e disorientanti. Concretezza ed efficacia sono di aiuto per permeare i fatti che dividono i genitori dai figli».

Molti figli rimproverano i genitori di averli messi al mondo, in questa società, che è «uno schifo totale». Cosa risponde don Mazzi?

«Forse hanno anche ragione i figli, ma non so se hanno torto i genitori. Mi impongo di credere che la decisione di avere un figlio sia responsabile e partecipata. In una vita non c'è mai niente che si sviluppa logicamente: la logica è soltanto nel pensiero. La vita, per fortuna, non è assolutamente logica. Dovremo irrobustire le difese del figlio. Se è vero che si sente in un mondo di schifo, è anche vero che lui ha tutte le armi e le potenzialità per cambiare questo mondo di schifo in un mondo di speranza».

Marco Masini canta la «malinconoia». Come sconfiggerla e soprattutto che cosa fare per sottrarre i giovani al richiamo dello sballo?

«La "malinconoia" si vince dando meno porcherie ai figli: più cercheremo di accontentarli e più saranno degli annoiati, perché quello è proprio lo stato d'animo del figlio ricco, della figlia che è stufa di bambole e quindi ne vuole un'altra. Il bimbo che ha la camera piena di giocattoli, appena va fuori e vede una nuova tentazione, vuole assecondarla, perché i 149 giocattoli non bastano. Se continueremo ad educare i nostri figli ad avere, noi avremo sempre dei figli tristi, insoddisfatti. Se noi saremo più essenziali e saremo capaci di dire no, presto – una caramella in meno, un aiuto in più a chi non ha niente e sta soffrendo – la vita si riempirà di contenuti e non di frivolezze. Già che ci siamo, dovremmo convincere i signori cantanti a smetterla di cantare sempre la tragedia.

Dovrebbero capire anche loro che, essendo molto ascoltati dai ragazzi, dagli adolescenti e dai giovani, diventerebbe costruttivo cantare una vita meno fatua, più serena e di sostanza».

Si dice che i giovani hanno più paura di vivere che di morire. Da qui la fuga verso droga, alcol, pasticche varie. Il suo pensiero.

«Sono i giovani cresciuti male, che annaspano al primo ostacolo. Di solito sono i giovani più disperati che hanno più paura di vivere che di morire. Cominciamo a salvare i nostri ragazzi tossicodipendenti nel momento in cui decidono di vivere. Ma se stanno anche in comunità e manca questo impegno, potranno anche non farsi, ma non li abbiamo assolutamente salvati. Per avere la voglia di vivere, ci devono essere adulti che dimostrino e trasmettano questa bellezza, questa carica dirompente.

Noi adulti ripetiamo fino all'ossessione che per vivere c'è bisogno di uno stipendio "x", di una certa casa, l'auto di quella marca, una moglie secondo certa pubblicistica: quando i figli capiscono che la vita è una cosa complicata, si chiedono perché devono vivere. Se noi invece diciamo a nostro figlio, con i fatti, che la vita è una cosa essenziale e semplice ed è altro – ben più affascinante – rispetto a macchina, stipendio, lavoro, allora l'approccio sarà ben altro».

Alla vigilia del terzo millennio, è possibile sostenere che si sa poco dell'adolescenza? Che cosa ci manca di conoscere?

«È ancora peggio: non sappiamo niente o quasi dell'uomo.

Negli ultimi cento anni abbiamo girato un po' attorno all'uomo, esplorando appena le coste dell'arcipelago-uomo, convinti di saper tutto del cuore. Cominceremo il 2001 chiedendoci chi è l'uomo. Von Braun, dopo la scoperta dell'atomica, disse che pensavamo di essere nel pieno della storia e invece abbiamo fatto i primi timidi passi lungo la spiaggia della storia stessa. L'oceano è ancora tutto da attraversare e l'uomo resta da identificare. Prima di tutto perché l'anima dell'uomo è sempre un mistero, che appartiene a Dio e si colloca nell'infinito.

Ci siamo preoccupati di sapere quanto vale l'intelligenza dell'uomo. Negli ultimi cinquant'anni abbiamo lavorato moltissimo in questa direzione, trascurando il cuore. Più che per la testa, l'uomo è sconfinato proprio per il suo cuore.

Conoscendo pochissimo l'uomo, figurarsi le sue stagioni. Tra queste, l'adolescenza, seducente e problematica!».

Come toccare le corde del cuore nell'adolescente?

«L'adolescente può essere preso solamente dalla parte del cuore. È un po' come il violino: uno strumento meraviglioso, ma possiamo registrare solo il timbro. Se volessimo scoprire l'adolescente sotto gli altri aspetti, sbaglieremmo tutto, perché nemmeno lui sa chi è. Dal punto di vista intellettuale, deve impostare tutta la sua capacità logica; dal punto di vista fisico e del carattere, deve ancora maturare. Esprime però un profondissimo bisogno di essere amato e capito. Per questo negli adolescenti nascono l'amicizia, l'esigenza del gruppo, le domande di assoluto».

Parlando di educazione, non trova che c'è in atto una crescente tendenza al disimpegno, alla delega, agli esperti e specialisti?

«Educatori non ce ne sono più, perché abbiamo pensato che potevamo supplire con gli insegnanti, con i professori, con gli allenatori delle squadre sportive.

Abbiamo banalizzato il ruolo dell'educatore e quindi i genitori hanno moltiplicato le presenze professionali, convinti di poter colmare le lacune. Si sono scordati quella famosissima frase di San Paolo, secondo il quale anche mille pedagoghi non possono supplire un padre».

Si parla di eccessiva ansietà e di inesperienza. L'ansietà si può capire, ma l'inesperienza, oggi, con tutte le opportunità e gli strumenti a disposizione...

«C'è un proverbio che spiega l'esperienza come la capacità di rifare gli errori già commessi. Se l'esperienza è continuare a ricordarsi degli sbagli per rifarli, anziché per evitarli, buonanotte suonatori. L'esperienza è da intendere come l'arte del poter recuperare gli aspetti della nostra vita, che per un momento sono stati negativi: una sorta di purificazione attraverso il dolore dello sbaglio. Mi pare di poter dire che siamo un po' tutti fuori strada.

Come educatori dobbiamo mobilitarci perché l'esperienza si traduca in un cammino di novità e di cambiamento. Collegando l'inesperienza dei giovani all'esperienza degli adulti, dobbiamo poter fare una cordata che metta al riparo dai capogiri».

In passato, chi cadeva doveva imparare da solo a rialzarsi. Ora si sbaglia anche per abbondanza di sostituzionismo...

«Si può sbagliare per due eccessi. O perché siamo stati troppo protetti e qualcuno è sempre intervenuto per anticipare il nostro sbaglio, per prevenirlo, oppure si sbaglia perché non si è mai stati aiutati da nessuno ed essendo abbandonati, cadiamo per eccesso di solitudine. Gli errori fanno parte della vita dell'uomo e non dobbiamo farne un dramma. Preoccupiamoci, piuttosto, se uno continua a sbagliare. Dobbiamo aiutare i nostri ragazzi a sbagliare il meno possibile e, soprattutto, a rialzarsi il più presto possibile».

Può essere che l'insistenza sui valori e sui doveri porti ad un blocco ed inneschi la miccia della ribellione e della trasgressione?

«Noi si trasgrediva perché c'erano degli ordini precisi, oggi i ragazzi non hanno più regole. Più che alla trasgressione, qui siamo allo sballo, alla voglia di evadere: non da alcune regole, ma dalla vita. Sarebbe ora che noi ricollocassimo alcune regole sulla strada dei giovani. Non la disciplina ferrea della nostra giovinezza passata, ma un binario sul quale far viaggiare il convoglio dei comportamenti. Ho paura che la mancanza totale di regole, porti a evasioni stupide o drammatiche da questa società così atipica, demotivante e senza senso».

Quali sono, oggi, le sirene più insidiose alle quali resistere? Il giovane Ulisse da che cosa si deve soprattutto difendere?

«Una è senza dubbio la superficialità, la voglia di apparire, il desiderio di trasformismo, l'idea di curare solo la parte esteriore di noi stessi, la posa a personaggi, insomma: il complesso vetrina. Seconda sirena: il totale disimpegno. I nostri giovani sono spesso disinteressati, nel rilassamento. Terzo pericolo da cui guardarsi: noi abbiamo svilito il quotidiano. Mentre la storia si consuma, realizzando al meglio il quotidiano, e i momenti più belli sono stati quando ciascuno di noi si è assunto il quotidiano come l'evento, come una cosa importante, oggi ci si proietta nella ricerca di qualcosa che non fa parte del quotidiano. E nell'attesa di qualcosa che deve accadere, i ragazzi ma anche gli adulti vanno a rischio di sciupare le occasioni di vivere intensamente la vita di tutti i giorni. Che è poi la dimensione più evangelica dal punto di vista del credente o è la cosa più politica dal punto di vista del laico».

Per esperienze significative e segnanti, che cosa intende?

«La nostra società ad alto benessere non propone niente di straordinario, di coinvolgente per i ragazzi. Tutto viene dato per scontato. Le esperienze significative sono quelle che mettono davanti l'individuo a fatti che possono sconvolgere interiormente. Che l'intera famiglia, per un anno, invece delle solite ferie, vada per quindici giorni in un campeggio con gli handicappati: questo è dare sale al vivere. Volere è potere e non occorrono eroismi o gesti eclatanti. Un'esperienza di solidarietà spicciola: rinunciare, una volta alla settimana, alla cena e destinare il ricavato a chi non ha niente, proprio niente in confronto al nostro tutto o comunque molto. Questo è il lievito dell'esistere».

Stiamo recitando il «requiem» all'emozione, dopo come saremo?

«È uscito anche un libro, per documentarci l'utilità della terapia delle coccole. Piero Balestro, l'autore di *Parlare l'amore* delle Edizioni Paoline, vuole aiutare nella riscoperta della carica vitale dell'affettività, che si manifesta attraverso quei gesti gratuiti, appunto le coccole.

Sono l'ultimo anello della catena amorosa e tuttavia portano un messaggio che si allarga fino alle soglie del mistero. C'è carezza e carezza, spiega l'autore, proprio come ci sono diversi livelli dell'aver caro.

Questo comporta innanzitutto il senso del "tu mi importi", "fai parte di me": pertanto mi propendo, mi spingo verso te. Già la gestualità dell'accarezzare lo implica: si allunga la mano in direzione del soggetto caro. E questo non tanto per ricercarlo ma, al contrario, perché si vive nella sensazione dell'acquisito diritto di poterlo fare: "Poiché mi sei caro, io mi avvicino a te;

mi viene naturale il farlo". L'atto dell'accarezzare avvicina due corpi, due esseri separati. Ma non li fonde in unità: li tiene davanti in presa diretta. La carezza ha sempre qualcosa di contemplativo: la commozione che accompagna il gesto scaturisce da una consapevolezza, quasi un brivido di lucidità con cui si mette a fuoco il soggetto caro, raggiunto nella sua essenza con qualche particolare del momento. Chiunque ne avrà fatto esperienza. Ad esempio, di fronte al bimbo che magari frigna per un'inezia: invece di arrabbiarti, realizzi il suo invidiato candore o il suo essere completamente dipendente da te, il suo vivere così indifeso... Ti commuovi, cioè ti con-muovi verso di lui: e lo accarezzi. Insomma, la carezza è sempre una dichiarazione di valore: scaturisce da una consapevolezza di preziosità dell'accarezzato: si va verso di lui perché attirati da quanto si vede in lui in maniera così pura e limpida; irresistibile.

Ovviamente c'è preziosità e preziosità: esistono modi e gradi diversi dell'essere caro. Per questo motivo si possono distinguere diversi tipi di carezze: quella di accoglimento, di dolcezza, di tenerezza, di seduzione... I nostri figli hanno tutto, ma non siamo più capaci di coccolarceli. Lo facciamo fin quando sono bambini, poi perdiamo quest'abitudine.

Si riscoprono le coccole e le carezze con il fidanzamento, poi, per il resto della vita ci neghiamo la tenerezza, la dolcezza che dovrebbero invece essere il profumo dei giorni.

I quali non sono fatti di grandi regali, grandi comodità, di orologi d'oro e diamanti, ma di quella sensibilità che ci fa sentire figli di qualcuno, amati da qualcuno.

Agli abbandoni emotivi abbiamo sostituito regali e comodità, ma dovremo riscoprire il calore, l'intimità, gli abbandoni perduti».

Cambiare: i figli lo esigono dalla società e dai genitori, dalla scuola e da tutti; i genitori lo vogliono dai figli: ma come e quanto? E dove può esserci un punto d'incontro?

«Dobbiamo stare attenti. Ci sono due verbi che possono snaturare il desiderio di cambiamento. C'è il trasformarsi e c'è il cambiarsi. Semplice il primo: è un processo più esteriore che interiore, più di apparenza che di sostanza. Cambiare implica invece una rivoluzione. I calzini li rivoltiamo dalla punta fino in fondo: molti invece si fermano alla cosmesi, al camuffamento, con il rischio del tradimento, dell'inganno, della facciata. Il giovane deve "cambiare" per tendere verso l'autenticità; l'adulto deve "cambiarsi" dentro.

Per "cambiare" c'è bisogno di molta umiltà, riflessione, silenzio, pazienza. Mi domando se queste quattro virtù fanno parte della nostra cultura».

Un nemico comune è il pregiudizio: come vincerlo?.

«Il pregiudizio di solito è figlio dell'ideologia. Ognuno di noi ha delle ideologie, che sono madri di pregiudizi, padri a loro volta di steccati. Bisogna che superiamo le ideologie, quelle politiche e quelle religiose, se ci sono. Anche noi uomini di fede abbiamo le nostre barriere: facciamo molta fatica ad accettare la gente di religione diversa, di culture lontane. A suo tempo si sosteneva che occorre tornare dalla religione alla fede, perché la religione è diventata un po' l'ideologia della fede. Non direi che si deve dimenticare tutto della religione per assumere solo la fede, che è un vecchio linguaggio.

Dovremmo concedere molto più spazio alla fede, come testimonianza e scelta di vita espressa in comportamenti. Ci aspetta un grande lavoro di liberazione dalle ideologie, altrimenti ci saranno sempre vincitori e vinti. Il traguardo di tutti dev'essere per una società di fratelli, con un unico ovile e un solo Pastore».

Tutti da adolescenti abbiamo un sogno, inseguiamo ideali di pulizia, di bene, di fratellanza, di apertura, di lotta al compromesso e all'ambiguità. La ruota gira e sembra non cambiare mai niente...

«L'adolescente è una scheggia utopistica, che il Signore ha voluto nella storia dell'uomo. È giusto che l'adolescente voglia l'assoluto, il massimo, perché in tal modo propizia anche il cambiamento dell'adulto e della società.

Gli adolescenti spingono verso l'esterno, gli adulti verso l'interno. Si ottiene l'equilibrio quando le due forze si equivalgono. Da evitare: che gli adulti costringano l'adolescente a deragliare o a viaggiare sotto scorta permanente».

Quali risposte possono dare gli adulti, in questo tempo di relativismo e opportunismo, agli adolescenti?

L'adolescenza è una domanda – maleducata ma radicale – di assoluto. A questa domanda, noi adulti, figli del relativismo, del pressappochismo interiore e dell'apparenza, non sappiamo dare risposte; non solo, ma ci permettiamo di deriderla. Per cui, l'adolescente consuma in breve la sua ricerca, buttandosi in braccio alla risposta più rischiosa.

La violenza, la droga, la fuga dalla famiglia, il rifiuto della normalità, talora il suicidio, sono le risposte che i giovani si danno, in presenza del nostro silenzio analfabeta. Tutti i giovani capiscono che non sono solo ossa, sangue e carne ma non arrivano a capire, senza il nostro aiuto, cosa significhi il concetto esseri spirituali che vivono un'esperienza umana. Tutto ci porta a consumare, come le formiche, le nostre giornate, allineandoci, uno dopo l'altro; per andare o tornare dal lavoro. Ai giovani, possiamo dare poco perché siamo noi, cuori svuotati».

Come e dove incanalare ansie, inquietudini e angosce?

«Dobbiamo prendere coscienza che il pensiero è la forza più grande di tutto l'universo e in quanto tale va corredato da un grande amore e rispetto per se stessi e gli altri.

Se è vero questo, una guerra contro qualcosa dà sempre meno risultati di una guerra per qualcosa: e combattere contro la droga, la povertà, il crimine, non sarà così efficace quanto battersi per una diversa qualità della vita per tutti, per il rispetto dei diritti reciproci e per proclamare nei fatti la fede per l'uomo. Diamo prospettive!

Urge smentire Simone Weil. La quale sosteneva che Dio e l'umanità sono come due amanti che hanno sbagliato l'appuntamento. Tutti e due arrivano in anticipo sull'ora fissata, ma sono in due luoghi diversi e aspettano... aspettano. Dobbiamo gridare che non è vero.

Non può essere possibile che la fatica di due amanti si disperda per pochi metri di distanza. Superiamo questi due metri».

*Italo Carta (*L'età inquieta*) ha dichiarato che «nei giovani la voglia di distruggere aumenta quando si attenua e viene a mancare il coinvolgimento nei confronti di idee, istituzioni e persone che hanno un autentico valore. Introiettando simboli e immagini labili, destinati ad un rapido deterioramento, e che creano frustrazione e angoscia, sono spinti a distruggerli». È così?*

«Più che distruggere gli altri, l'adolescente è portato a distruggersi. L'adulto è capace di distruggere gli altri, l'adolescente prima di tutto distrugge se stesso, poi forse gli altri. Se ha davanti modelli di cartapesta, contraddizioni, incoerenze, situazioni fasulle, si distruggerà ancora di più».

Una grande educatrice come Françoise Dolto ha scritto: «Credo che sia necessario inventare qualcosa di nuovo per la giovane generazione. Permetterle di diventare autonoma in modo creativo e dare spazio al ricambio generazionale. Ciascuno al proprio posto». Il difficile viene al momento di fare...

«È vero. Il guaio è che quel qualcosa di nuovo noi andiamo a cercarlo al di fuori dell'uomo. Io credo, con Sant'Agostino, che quel lievito di futuro è proprio dentro l'uomo. Dobbiamo decidere: se dare ragione alla società dei consumi, che cerca sempre qualcosa di nuovo aldilà del perimetro interiore o se adottare la forza del Vangelo, che indica il nuovo dentro l'uomo. Nel viaggio dentro l'uomo troveremo la novità dell'uomo stesso».

Un'altra citazione d'autrice. Stavolta Patrizia Carrano che tira le orecchie a Villaggio. Il quale sostiene che gli strafalcioni di Fantozzi vanno benissimo perché «ai bambini nuoce di più Tangentopoli e il malcostume della classe imprenditoriale italiana». La Carrano lo impallina: giudica la dichiarazione profondamente diseducativa perché «evidenzia e legittima un costume mentale – e morale – che ha condotto il nostro Paese nelle oscure plaghe in cui si trova. Il punto è questo: si stabilisce la soglia dei nostri comportamenti rispetto agli esempi negativi, e non a quelli positivi. E così facendo – conclude Patrizia Carrano – si finisce per livellare al basso anche la nostra coscienza, i nostri sogni e il nostro futuro. Ovvero i nostri bambini».

«Non vorrei dare peso alle tesi da vuoto spinto di Paolo Villaggio. Aldilà dei suoi frivoli e vacui discorsi, trovo che è un po' tipico di noi cattolici privilegiare le paure del Vangelo, anziché tentare di esprimere il meglio, di coglierne lo spirito di promozione dell'uomo, di liberazione.

Insistiamo sul "Guai a voi... guai a voi...", invece che soffermarci sulla povertà come beatitudine, della misericordia, della mitezza. Il Vangelo è trascinante per gli aspetti positivi. È un po' colpa anche nostra se ci misuriamo con il basso e non alziamo gli occhi per guardare in alto. Non dobbiamo lasciarci trascinare dai profeti di sventura».

Come portare a pienezza di maturazione un'età difficile ed esaltante quale l'adolescenza?

«Prima di tutto vivendo l'adolescenza dei figli come un periodo positivo; come un'opportunità di crescita e di maturazione, anche per noi adulti; inserendo la saggezza e l'equilibrio che ogni adulto deve avere, quando i figli sono dentro al delicato laboratorio dell'adolescenza.

La fatica che i ragazzi fanno per uscirne, esige da parte nostra rispetto e un trasporto di simpatia. Abbiamo l'inclinazione a voler affrettare i tempi dell'adolescenza, vorremmo che passasse in fretta. Non amiamo molto il loro esprimersi, l'atteggiamento sbracato, il modo di vestirsi. L'adolescente respira questo clima: facciamogli percepire vicinanza concreta, disponibilità, confidenza».

Genitori in concorrenza con i figli. Quali conseguenze può provocare una simile gara?

«Ci sono tanti genitori che si illudono di avere l'età dei loro figli e si permettono avventure di giovanilismo come giovanotti. I figli non hanno bisogno di vedere i loro genitori che ritornano adolescenti, ma vogliono un adulto, quindi una guida e un punto di riferimento, proprio perché loro sono adolescenti. Quando lo spot televisivo ti dà ad intendere che con quel prodotto la mamma somiglia alla propria figlia, asseconda questa ostinazione giovanilistica. Ci concediamo al banale, per sembrare alla pari con la cultura del nostro tempo».

Da dove partire con gli adulti per modificare i loro atteggiamenti errati verso i figli e i giovani?

«Tutti insieme andiamo a scuola di umiltà, sapendo che ciascuno di noi ha qualcosa di positivo da portare e qualcosa di negativo da cancellare. Con l'umiltà e ci aggiungo anche la fede, ritroveremo la voglia e la gioia di vivere».

Un sentimento che si estende è quello della paura. Giusto averne? In che misura? E come non trasmetterla ma, al contrario, aiutare a superarla?

«Qualche volta può essere giusto che ci sia e si avverta la paura. Non siamo fatti di ferro. Di tanto in tanto la paura fa capolino. Dobbiamo fare in modo che la paura non abbia il sopravvento sulla ragione. Se viviamo in preda alla paura, siamo rovinati».

Che cosa teme don Mazzi?

«La mia prima paura è che io non riesca più ad essere onesto con me stesso, trasparente e, nel momento in cui dico la verità, anche viverla e farne sentire il fascino. Non vorrei mai dire delle cose che non faccio, proporre delle verità che non voglio vivere. Chiedo al Padreterno coerenza tra ciò che dico e ciò che faccio e viceversa. Uno degli slogan che do a me stesso è questo: una volta credevo che fosse più facile fare la carità e più difficile dire la verità. Oggi mi accorgo che è vero il contrario. È più difficile fare la carità ed è più facile dire la verità».

Da che cosa è nato questo cambiamento di campo?

«Una volta la gente si accontentava che tu dicessi qualcosa, oggi si vuol vedere ciò che uno fa. E allora dobbiamo fare la verità: non ci si può limitare ad annunciarla. Insomma, la verità deve avere gambe, braccia, cervello.

Dopo esserci appartati sul colle ad annunciare la verità, adesso dobbiamo scendere a valle per edificarla. È finito il tempo delle due città: o non ne esiste neanche una o ce n'è una sola: la città di Dio».

Indipendenza e autonomia, in quali dosi? Come deve avvenire l'ascolto? Che cosa è più urgente estirpare?

«Più che di autonomia, abbiamo bisogno di crescita. I nostri ragazzi devono essere pronti al più presto ad affrontare le situazioni con le quali si troveranno confrontati. Abbiamo dei bambini e dei ragazzi che sono delle statue, tanto sono perfetti nel corpo, ma dentro sono molli, difettano di capacità critica, non sanno dire di no al compagno che offre uno spinello. Se vogliamo che i ragazzi siano presto in grado di collocarsi in modo serio, maturo e responsabile nella società in cui sono, dobbiamo riempire il loro zaino di strumenti cognitivi e di carattere, perché evitino l'autolesionismo o addirittura l'autodistruzione. Non mi pare che la società sia pronta. I genitori sono tutti presi dallo sviluppo fisico, dall'alimentazione, dallo sport e non si curano del parallelo rafforzamento della muscolatura dello spirito».

Un vecchio proverbio orientale dice che la storia di ogni uomo è scritta dentro la pupilla dell'occhio, ma in una lingua che nessuno sa leggere se non ha rivelazione...

«Ogni creatura è una scintilla divina, un soffio di spirito, un infinito mistero. Se pretendiamo di conoscere nostro figlio, il nostro allievo, il fidanzato o la fidanzata, il prossimo, sbagliamo tutto. Il mistero che ogni vita racchiude è molto più grande delle conoscenze che possiamo raggiungere. Nell'essere bambino – ha scritto Alfred Kolleritsch nel suo libro *Dell'infanzia/Due lettere ai miei figli*, ed. Il Melangolo – si ripete l'accesso al mondo, che è qui insieme all'uomo, e il mondo lascia traccia di sé nell'essere bambino come pensiero, immagine, percezione, sensazione e stato d'animo... L'essere bambino ricorda l'inizio, va a riprendere la libertà di raccontarla malgrado tutto: raccontare del tempo in cui nulla aveva il suo posto, nulla ancora doveva essere se stesso, nulla ancora era talmente incrostato da far sì che le parole ricadessero in esse. Gli incontri dell'origine! Con la residua libertà delle parole noi raccontiamo dell'essere bambino.

Ma i bambini ascoltano poi come se solo con l'ascolto nascesse il racconto e con esso il mondo? Dobbiamo imparare di nuovo che i bambini potrebbero ascoltare così, che forse ascoltano così, ma non "sanno" di ascoltare così.

Che cosa cerca di dire Kolleritsch? Che i suoi, e quindi anche i nostri bambini, gli mostrano l'esistenza di continuo, in forma di luce, di un colore, di una contraddizione.

E i bambini? Sono ancora una volta i padri del padre, esseri di cui non si ha il diritto di pensare nulla: si deve solo cercare di parlarne con fervore».

L'alfabeto educativo di don Mazzi...

«È dominato da cinque lettere che formano una parola immensa, decisiva per l'umanità: amore».

Come vincere le diffuse sordità di cui soffriamo?

«Questa società ha fatto di ognuno di noi un idolo. Siamo pieni di noi stessi, crediamo di essere oceani, libri aperti. Dovremmo prendere esempio da San Francesco: come lui andò sulla piazza di Assisi a spogliarsi del suo passato, così anche noi dovremmo denudarci di tutte le incrostazioni che stanno rovinando la nostra vita. Francesco, con la sua scelta controcorrente, era divenuto l'uomo più libero del mondo. Nessun legame lo vincolava più. Ignacio Larranaga in una biografia del poverello di Assisi dice che quell'uomo ormai non poteva perdere più nulla, perché nulla possedeva. Di che cosa poteva aver paura? Perché turbarsi? Non è il turbamento un esercito da combattimento, posto a difesa di proprietà minacciate? Chi non ha nulla e non desidera nulla, da che cosa può essere turbato? Francesco non possedeva vestiti, né alimenti, né tetto; non aveva più né padre, né madre, né fratelli, né prestigio, né stima della città, né amici, né vicini di casa. E qui, nella terra spoglia e nuda, nasce e cresce alto l'albero fiorito della libertà. Non possedendo nulla, non poteva avere neppure progetti o idee chiare sul suo futuro e neppure ideali. Proprio qui risiedono la grandezza e il dramma del profeta. È un povero uomo, lanciato da una forza superiore, in un cammino che nessuno ha ancora percorso. Non ha sicurezza di esito finale, né conosce i rischi che lo aspettano al prossimo incrocio.

Non possedendo queste certezze, non può neppure sapere in che forma potrà essere fedele a Dio domani. A lui basta essere fedele minuto per minuto. Aprire un cammino, passo dopo passo, colpo su colpo, senza sapere quale possa essere il passo seguente, dormire oggi sotto le stelle con il fiore, simbolo della fedeltà, in mano, senza sapere che fiore raccoglierà domani; aprire gli occhi ogni mattina e mettersi in cammino da soli per continuare ad aprire strade sconosciute. Anche noi del Duemila dobbiamo ritornare da personaggi a persone, svestirci di ambizioni, superbia, voglia di possesso e di roba e riprendere i veri sentieri della vita, quelli dell'essere».

Nuove generazioni, figlie del consumismo che ha creato deserti. Quali vaccini somministrare per ritornare all'essenzialità?

«Ci fosse un nuovo diluvio universale e ci potessimo ritrovare tutti su un'arca, senza niente, forse sarebbe un miracolo... Abbiamo bisogno di un'ondata di purificazione interiore.

È crollato il muro di Berlino, è sbrecciato anche quello del capitalismo, resiste invece ed è solido il muro del consumismo. Il muro dell'Est e il muro dell'Ovest in qualche maniera sono opere politico-istituzionali: si vede quando li costruiscono e poi quando li demoliscono. Questi muri, invece, delle coscienze, non ci accorgiamo quando sorgono e non riusciamo più ad abbatterli, perché esigono la nostra partecipazione, il nostro determinante intervento. Siamo sempre refrattari a rimetterci in revisione. I miei ragazzi, in comunità, sono disponibili a venir fuori dalla droga, a non farsi più, a tagliare con il passato che li ha ridotti a larve, ma non sono altrettanto pronti – una volta spezzata la dipendenza – a metter dentro i grandi valori che cambiano realmente la vita.

Siamo così un po' tutti. La società dei consumi è per certi aspetti una droga: in parte ce ne vogliamo liberare, ma in parte ce la teniamo perché ci mantiene dentro pannicelli caldi. Il ritorno alla purezza spaventa tutti. Siamo disponibili ad andare verso le origini, ma non ce la sentiamo di arrivare fino in fondo, per trovare le origini. Siamo sempre la gente del sei meno: perché puntare all'otto o al dieci?».

La gioia della vita: come farne cogliere il sapore?

«La vita è fatta più di sconfitte che di vittorie. La settimana è composta di sei giorni feriali e di un giorno di festa. Però, quelle piccole vittorie che riusciamo a cogliere, sono talmente importanti che aiutano a sopportare e superare le sconfitte, le quali sono pure utili per goderci le affermazioni. È solo vivendo bene il giorno feriale che uno imparerà a gioire della festa. Soltanto chi diventa semplice si gode la vita».

Un messaggio per i genitori...

«In fondo, in fondo, in fondo, le impronte che papà e mamma lasciano nella storia, verranno ricalcate dai figli.

Nessuno di noi passa senza lasciare tracce. E i nostri figli, per tanto che siano lontani da noi, guarderanno alle impronte dei loro genitori. Diamo perciò molta importanza a come viviamo».

E per i ragazzi?

«Non aspettare sempre il domani per essere adulti, per diventare grandi. I ragazzi devono incominciare ad apprezzare presto l'importanza della loro vita quotidiana. Se vivono oggi, riusciranno ad assaporare il futuro. Se invece pensano solo all'avvenire, senza guardare al sentiero che percorrono, rischiano di fallire l'oggi e il domani».

CONCLUSIONE

«Dice Gesù: "Beati i mondi di cuore perché vedranno Dio". È mondo di cuore colui che ama secondo il cuore di Dio, cioè che ama solo ciò che Dio ama, come Dio ama. Infatti dice Gesù: "Vi do un comandamento nuovo: amatevi l'un l'altro come io ho amato voi".

Ho conosciuto un santo, gli ero intimo amico come un figlio di Dio: si chiamava don Giovanni Calabria, fondatore di una grande opera.

Quando ci incontrammo, in occasione della mia prima santa Messa, mi disse: "Se tu trovassi per la strada un diamate caduto nello sterco, che cosa faresti?".

Risposi: "Non avrei nessuna ripugnanza a sporcarmi, lo prenderei su, lo laverei ridonandolo in tal modo alla sua originale brillantezza".

"Fa così dell'uomo", soggiunse.

Eravamo in piedi, all'ombra di una maestosa pianta, sul colle di San Zeno in Monte, a Verona. L'immagine di quel diamante intriso di sterco accompagna ancora vivissima le mie dure esperienze su me stesso e sul prossimo. Bisogna avere l'umile coraggio di riconoscerci in quel diamante, ancora rotolanti nello sterco.

Liberandoci dallo sterco che ci avvolge e ci abbrutisce, vedremmo che il liberare il fratello da quella deformazione è vivere».

Don Zeno Saltini

VORREI VEDERE UN SORRISO

Ho visto giovani
chiedere pane,
e ingoiare veleno.
Ho visto giovani stravolti
allungare acqua a fontane
inaridite.
Ho visto giovani danzare
le danze dello sballo.
Ho visto giovani ridere, ridere
ridere,
e poi impastarsi sui paracarri.
Ho visto sfrecciare macchine
tante macchine,
processioni di macchine
verso i templi dello schifo.
Ho visto occhi sbarrati,
impasticcati,
vuoti cercare invano la felicità.
Ho stretto mani fredde, sudate,
gelate,
morte, rattrappite.
Ho visto le disgrazie
a due a due,
in attesa di raccogliere i detriti
della discoteca.

Ho visto scheletri vestirsi
a festa,
per traballare come fiammelle
sull'orlo del cratere.
Ho visto migliaia di burattini
allineati,
sbadati, appiccicati, ansimare
dentro pochi metri quadrati.
Tempesta di note, nuvole
colorate, pavimenti viscidi,
e tanto,
solo fracasso.
Ho visto la notte ridere,
i semafori spegnersi,
le pantere della polizia sgommare
tutto questo per seppellire
la gioventù del cuore sotto
il liquame della noia.
Domani vorrei vedere sorrisi
d'angelo, tenerezze di bambino
domande di gioia, adolescenze
vergini, eroismi di solidarietà,
cammini di speranza.

Don Antonio Mazzi

INDICE

Finito di stampare nel mese di aprile 1995
dalla Milanostampa S.p.A. - Farigliano (CN)
Printed in Italy